Kübel-pflanzen

Christine Recht

Kübelpflanzen

So gedeihen und blühen
sie am besten

Experten-Rat für Kauf,
Pflege und Überwinterung

Mit Farbfotos bekannter
Pflanzenfotografen und
Zeichnungen von Ushie Dorner

GU GRÄFE UND UNZER

Inhalt

Inhalt

Ein Wort zuvor

Blütenpracht ist gefragt in Stadt und Land. Das Zauberwort für den Pflanzenfreund heißt »Kübelpflanzen«.
Ein erstaunlich trockenes Wort – und doch verbindet jeder damit die schönsten Vorstellungen und Träume: üppiges Blühen, südliche Urlaubsatmosphäre und stimmungsvolle Abende auf Balkon und Terrasse bei Kerzenschein und dem zarten Duft von Jasmin und Hibiskus.
Leider ist manch einer aus seinen Blütenträumen schnell zur Wirklichkeit zurückgekehrt, wenn er Jahr für Jahr die Blüten an Oleander, Datura oder Fuchsie an einer Hand abzählen konnte. Selbst der Spruch »Es war ein schlechter Sommer« ist nur ein schwacher Trost, wenn es zwei Häuser weiter blüht, daß man vor Neid erblassen könnte. Woran liegt es, was hat man falsch gemacht? Nun, dafür gibt es eine ganze Reihe von Erklärungen. Wenn man die Schuld nicht auf den schlechten Sommer schieben will, kommen eigentlich nur Standort- oder Pflegefehler in Betracht. Kübelpflanzen sind Gewächse, die aus den unterschiedlichsten Ländern stammen, mit eigenen Ansprüchen an Licht, Wärme und Wasser. Meist sind es »Kinder des Südens«. Wo ein Lorbeer noch gut gedeiht, leidet die Bleiwurz an Lichtmangel.
Dieser farbige GU Pflanzen-Ratgeber soll Ihnen helfen, Ihre Vorstellungen von der Blütenpracht auf Balkon und Terrasse zu verwirklichen. Christine Recht, Pflanzenexpertin mit langjähriger Erfahrung, hat eine reizvolle Auswahl beliebter Exoten zusammengestellt, und sie gibt dazu die notwendigen individuellen Pflegeanleitungen – leicht nachvollziehbar für jeden.
Alle Pflanzen, die im Buch beschrieben sind, werden in prachtvollen Farbfotos vorgestellt. Farbige Zeichnungen vermitteln gärtnerisches Know-how und machen Pflegemaßnahmen wie Einpflanzen, Umtopfen, Gießen, Düngen und Schneiden auch dem gärtnerisch Ungeübten leicht. Fundierte Ratschläge für umweltfreundliche biologische Schädlings- und Krankheitsbekämpfung fehlen ebensowenig wie Tips für die Vermehrung. Dem besonderen Problem der Kübelpflanzenhaltung, der Überwinterung, ist ein eigenes Kapitel gewidmet. Kübelpflanzen sind nun mal keine Wegwerfpflanzen, und als »Kinder des Südens« würden sie unsere Winter im Freien kaum überstehen. Aber Kübelpflanzen sind schwer, und geeignete Winterquartiere zu schaffen, ist nicht ganz einfach. Hier gibt die Autorin praktische Ratschläge aus eigener Erfahrung, darunter Anregungen für Transport und Unterbringung, an die Kübelpflanzenbesitzer vielleicht noch gar nicht gedacht hatten. Als besonderen Service enthält dieser GU Pflanzen-Ratgeber einen »Grünteil« mit Grundwissen für den Balkongärtner von A bis Z. Hier finden Sie auch noch spezielle Ratschläge, Tips und Kniffe, die zum unentbehrlichen Rüstzeug eines erfolgreichen Balkongärtners gehören.

Viel Erfolg bei der Kübelpflanzenpflege, gutes Gedeihen und üppige Blütenpracht wünschen Ihnen Autorin und GU Naturbuch-Redaktion.

Die Autorin:
Christine Recht ist Mitarbeiterin verschiedener Gartenfachzeitschriften und Autorin von Gartenfachbüchern. Alles, was sie beschreibt, hat sie vorher auf ihrem Balkon und im eigenen Garten ausprobiert.

Autor und Verlag danken allen, die zum Gelingen dieses Buches beigetragen haben: den Pflanzenfotografen für ihre außergewöhnlich schönen Farbfotos, der Zeichnerin Ushie Dorner für die informativen Zeichnungen, Herrn Kilian Keller (Terrakottagefäße), Überlingen und der Schloßverwaltung der Insel Mainau/Bodensee für die Fotografiererlaubnis.

Wichtiger Hinweis:
In diesem Buch geht es um die Pflege und die Überwinterung von Kübelpflanzen. Einige der beschriebenen Pflanzen sind giftig oder enthalten hautreizende Stoffe. Im Beschreibungsteil (Seite 74 bis 105) sind die giftigen Pflanzen durch ein Symbol deutlich gekennzeichnet; auf Pflanzen, die hautreizende Stoffe enthalten sowie auf die Verletzungsgefahr wird in dem jeweiligen Beschreibungstext unter dem Stichwort »Warnung« hingewiesen. Achten Sie unbedingt darauf, daß Kinder oder Haustiere giftige Pflanzen nicht essen, da sonst erhebliche gesundheitliche Störungen auftreten können. Pflanzen, bei denen Verletzungsgefahr besteht, sollten für Kinder und Haustiere unerreichbar aufgestellt werden.
Alle Pflanzenschutzmittel, auch die biologischen, müssen für Kinder und Haustiere unerreichbar aufbewahrt werden.

Lorbeer-Hochstamm.
Ist ausgesprochen pflegeleicht; solch ein Prachtexemplar braucht jährlich einen Formschnitt.

Ratschläge für die Anschaffung

Große Kübelpflanzen, blühende und immergrüne, sind Wunsch und Traum vieler Pflanzenliebhaber. Sie bringen ein bißchen Urlaubsatmosphäre in den Alltag, ein Stückchen Süden in unsere Gärten, auf Balkone und Terrassen. Denn die meisten von ihnen sind »Kinder des Südens«. Bieten Sie deshalb Ihren Kübelpflanzen einen Platz an, der den Bedingungen ihrer ursprünglichen Heimat so weit wie möglich entspricht – dann werden Sie viele Jahre lang Freude an ihnen haben.

Der optimale Standort

Kübelpflanzen stammen aus vielen verschiedenen Herkunftsländern und haben deshalb auch entsprechend unterschiedliche Ansprüche an Licht und Wärme. Wo ein Lorbeer noch hervorragend gedeiht, ist es für eine Bleiwurz *(Plumbago)* schon zu schattig und zu kühl. Wo ein Oleander seine volle Pracht entfalten kann, muß eine Datura (Engelstrompete) verdursten. Wie jede andere Pflanze kann auch eine Kübelpflanze nur an einem optimalen Standort gut gedeihen. Kübelpflanzen sind eine Anschaffung für Jahre, man wirft sie nicht einfach weg, wenn sie kümmern. Deshalb ist der richtige Platz mit dem richtigen Kleinklima gerade für sie besonders wichtig. Unter Kleinklima versteht man Wärme, Licht, Wind und Luftfeuchtigkeit in einem ganz begrenzten Raum – in einem Innenhof etwa, auf einer Terrasse oder einem Balkon. Wählen Sie eine Kübelpflanze also nicht in erster Linie nach dekorativen Gesichtspunkten aus, wichtiger sind die Ansprüche der Pflanze an den Standort, den Sie ihr bieten können.

Sonne und Wärme

Glücklicherweise sind die wenigsten Kübelpflanzen so heikel und anspruchsvoll, daß sie nur an besonders exponierten Plätzen gedeihen. Dennoch muß man die Bedürfnisse der Pflanze – auch der weniger anspruchsvollen – vor dem Kauf genau abklären.

Manche Kübelpflanzen möchten am liebsten zwölf Stunden pralle Sonne. Die Lagerstroemia zählt zu diesen sonnenhungrigen Geschöpfen, auch Kassie *(Cassia)*, Oleander *(Oleander nerium)*, Orange und Zitrone *(Citrus)* blühen nur, wenn sie sehr viel Sonne bekommen. Soviel Sonne und Wärme kann man ihnen eigentlich nur in einem windgeschützten Innenhof bieten, auf einem Südbalkon oder an einer Süd- oder Südwestwand.

Andere Kübelpflanzen wie Datura und Schönmalve *(Abutilon)* verdursten regelrecht, wenn sie zu lange in der Sonne stehen. Ihre großen Blätter verdunsten dann so viel Wasser, daß die Pflanzen zwei- bis dreimal am Tag gegossen werden müßten. Darum brauchen sie einen Platz, an dem sie nur fünf bis sechs Stunden voll besonnt werden. Steht nur ein halbschattiger oder gar nur ein schattiger Platz zur Verfügung, ist es ratsam, sich auf grüne Kübelpflanzen zu beschränken, da südliche Pflanzen in Schattenlagen keine Blüten ausbilden. Es gibt jedoch eine Reihe grüner Kübelpflanzen, mit denen sich durchaus südliche Atmosphäre erzeugen läßt; zumal, wenn man ihnen als Farbpunkte Fuchsien – die einzigen Blüher im schattigen Bereich – zur Seite gibt.

Als Orientierungshilfe kann man festhalten:

Viel Licht und Sonne brauchen:

- Kübelpflanzen mit kleinen, dünnen Blättern, mit nadelförmigem oder gefiedertem Blattwerk.
- Alle blühenden Kübelpflanzen mit Ausnahme der Fuchsien.

Im Halbschatten oder Schatten gedeihen:

- Kübelpflanzen mit dicken, großen Blättern.

Vor Wind und Regen schützen

Der Platz, den Sie für Ihre Kübelpflanzen auswählen, sollte so windgeschützt wie möglich sein. Das hat verschiedene Gründe:

- Vor allem hohe Pflanzen bieten dem Wind eine größere Angriffsfläche, werden leicht umgeworfen und Kübel und Pflanzen beschädigt.
- Alle großblättrigen Pflanzen und solche mit langen Trieben sollte man so aufstellen, daß sie vor Wind und Schlagregen geschützt sind, weil ihre Blätter sonst zerzaust und die Triebe, oft auch ganze Zweige, abgebrochen werden. Das gilt vor allem für Lagerstroemien, Daturen, Schönmalven und Wandelröschen *(Latanen)*.
- Da der Wind die Erde in den Kübeln austrocknet, brauchen Pflanzen an ungeschützten Standorten wesentlich mehr Wasser.
- Die kühlende Wirkung des Windes wirkt sich in unseren Breiten ungünstig auf die wärmeliebenden Kübelpflanzen aus.

Zuwenig Platz?
Haben Sie den klimatisch optimalen Standort für eine Kübelpflanze gefunden, stellt sich die Frage, ob dieser Platz auch groß genug ist. Gut gepflegte Kübelpflanzen können sich zu mächtigen Exemplaren entwickeln und werden dabei von Jahr zu Jahr schöner. Es hat aber wenig Sinn, auf einem winzigen Balkon eine riesige Datura, einen stattlichen Oleander oder gar eine große Dattelpalme *(Phoenix canariensis)* heranzuziehen. Wenn Sie nur über wenig Platz auf dem Balkon, der Terrasse oder dem Dachgarten verfügen, müssen Sie dennoch keineswegs auf Kübelpflanzen verzichten, denn:
Kleinwüchsige Kübelpflanzen, wie zum Beispiel Strauchmargeriten oder Tibouchina, blühen ebenso schön und ausdauernd und werden reichlich angeboten.
Kronenbäumchen oder Pyramiden (→ Seite 31 und 32) brauchen viel weniger Platz als buschig gezogene Pflanzen und wirken – auch zu mehreren – sehr dekorativ.
Kletterpflanzen wie Bougainvillea, Clematis oder Jasmin werden an schmalen Spalieren gezogen, sehen gut aus und haben einen minimalen Platzanspruch.

Problem Luftverschmutzung

Selbst in die trostloseste Betonlandschaft einer Großstadt bringen Kübelpflanzen Farbe und Leben. Doch gerade in dieser Umgebung sind die Pflanzen einer besonderen Gefahr ausgesetzt: der Luftverschmutzung. Staub und Abgase von verkehrsreichen Straßen, Emissionen aus Indu-

Bleiwurz mit blauen Blüten und Lagerstroemia.
Bleiwurz blüht auch in kühleren Sommern unermüdlich, die Lagerstroemia dagegen blüht nur in warmen Sommern.

striegebieten, Smog und saurer Regen bekommen diesen Pflanzen ebensowenig wie den Straßenbäumen – sie kümmern und gehen schließlich zugrunde.
In durch Luftverschmutzung stark belasteten Gegenden ist es eine unerläßliche Pflegemaßnahme, die Blätter der Pflanzen immer wieder abzuwaschen oder abzusprühen. Das bedeutet, daß Kübelpflanzen mit haarigen, weichen Blättern für eine solche Umgebung nicht besonders geeignet sind. Mit einem unempfindlichen Bambus *(Bambusoideae)*, einem Oleander, einer Aukube (Goldorange) oder einem Buchsbaum *(Buxus)* hat man hier wenig Schwierigkeiten.

Auf das Gewicht achten!

Ein weiterer Punkt, der bei der Anschaffung von Kübelpflanzen überlegt sein muß und den Balkon- und Dachgärtner – im wahrsten Sinne des Wortes – keinesfalls zu leicht nehmen dürfen, ist das Gewicht der Kübelpflanzen. Die Pflanze selbst bringt ja nicht allzuviel auf die Waage. Der Pflanzkübel jedoch und die Erde mit ihrem Anteil an Feuchtigkeit wiegen schwerer, als man annimmt. Genau gesagt: Das Gewicht eines Kübels nimmt um die Hälfte zu, wenn die Erde darin gründlich gegossen wird. Auch wenn die meisten Balkone und Dachterrassen ziemlich stabil gebaut sind, ist ihre Belastbarkeit nicht unbeschränkt.
Die zulässige Belastung liegt im allgemeinen bei 250 Kilogramm pro Quadratmeter. Hiervon ist das Gewicht des Belags, also Steinplatten, Fliesen und so weiter, abzuziehen. Mit zwei Neunzig-Liter-Kübeln samt Pflanze

Kübelpflanzen verschönern jede Terrasse und bilden einen harmonischen Übergang zum Garten.

wäre ein Quadratmeter also bereits überlastet. Vor allem bei Altbauten oder Häusern, bei denen nachträglich Balkone angebracht oder Dachterrassen ausgebaut wurden, sollte man vor der Anschaffung mehrerer großer Kübelpflanzen einen Statiker fragen oder – falls vorhanden – die Baupläne und die dazugehörende Statik einsehen.

Wohin im Winter?

Kübelpflanzen stehen sechs bis sieben Monate an ihrem angestammten Platz im Freien, schmücken Balkon, Terrasse und Hauseingang. Dann aber müssen sie ins Winterquartier, denn diese »Kinder des Südens« vertragen unsere Wintertemperaturen nicht. Die Frage nach dem Winterquartier der Pflanzen muß deshalb unbedingt vor der Anschaffung einer Kübelpflanze abgeklärt werden.
Der Raum für das Winterquartier sollte kühl und frostfrei sein. Das kann ein Dachboden, ein unbeheizter Kellerraum, eine ungenutzte Garage sein; sogar ein helles, kühles Treppenhaus oder eine unbeheizte Diele eignen sich für die Überwinterung.
Die Temperatur im Winterquartier der Kübelpflanzen sollte nicht unter 5 °C sinken, aber auch nicht über 12 °C ansteigen. Bedingungen, die nicht ganz einfach zu erfüllen sind (→Überwinterung, Seite 33 bis Seite 41).
In Pflege zum Gärtner sollte man Kübelpflanzen dann geben, wenn kein geeigneter Platz zum Überwintern zur Verfügung steht. In großen Wohnanlagen und Hochhäusern wird das häufig der Fall sein. Fragen Sie gleich beim Kauf Ihrer Pflanze den Gärtner, ob die Möglichkeit besteht, sie bei ihm im Glashaus zu überwintern. Viele Gartenbaubetriebe machen das gerne gegen Entgelt. Man hat dabei noch den Vorteil, im Frühjahr eine fachmännisch gepflegte Pflanze in Empfang zu nehmen.
Das Wohnzimmer als Winterquartier bietet sich nur für Kübelpflanzen an, die relativ einfach in warmen Räumen überwintern können. Ganz unproblematisch ist dieser Platz nicht, weil Pflanzen, die ans Freie gewöhnt sind, die Umstellung auf die trockene und für sie zu warme Heizungsluft schwerfällt. Dennoch kann man Yucca und Aukube, Lorbeer *(Laurus nobilis)*, Oleander und Olive *(Olea europaea)* notfalls im – immer gut gelüfteten – Wohnzimmer überwintern.

Wo bekommt man Kübelpflanzen?

Der Kauf einer Kübelpflanze ist Vertrauenssache. Schließlich sind diese Pflanzen nicht billig, und man will viele Jahre Freude an ihnen haben. Eine fundierte, umfassende Beratung ist hier noch wichtiger als bei Zimmerpflanzen.

Im Fachhandel
Am besten kauft man eine Kübelpflanze in einem anerkannten Gartenbaubetrieb, in einem Fachgeschäft also. Das kann auch ein gut sortiertes Gartencenter sein, mit Verkäufern, die ihr Metier verstehen, oder eine Baumschule. Solche Betriebe setzen in der Regel die Pflanze auch auf Wunsch sachgemäß in ein größeres und schöneres Pflanzgefäß, bieten diese Kübel sogar in reicher Auswahl an.

Im Gartenversandhandel
Auch dort werden Kübelpflanzen im Sortiment angeboten. Nach Katalog sollte man nur kaufen, wenn eine sogenannte »Anwuchsgarantie« gegeben ist. Denn es kommt leider häufig vor, daß die Pflanzen unter dem Transport leiden und dann das Auspflanzen nicht überstehen – oder auch, daß sie zu schnell getrieben wurden und deshalb den Aufenthalt im Freien nicht vertragen. Das muß aber nicht so sein; manchmal kann man über den Versandhandel auch sehr gute, sogar seltene Kübelpflanzen bekommen. Vor allem Neuheiten, die in Gärtnereien noch nicht angeboten werden.

Bei Pflanzenliebhabern
Im Fachhandel hat man die Garantie, auch wirklich das zu bekommen, was man möchte. Interessanter ist dafür, bei privaten Pflanzenfreunden zu kaufen.
Durch Kleinanzeigen in Tageszeitungen stößt man immer wieder auf Angebote von Pflanzenliebhabern, die sich von ihren zu groß gewordenen oder einfach zu zahlreichen Kübelpflanzen trennen und sie sozusagen »in gute Hände« geben wollen.
Auf Flohmärkten werden ebenfalls häufig zu groß gewordene Kübelpflanzen angeboten und im Gespräch mit dem Vorbesitzer Lebenslauf und Pflegeanleitung der Pflanzen gleich mitgeliefert. Natürlich kann man hier auch einmal hereinfallen: Der gefüllte Oleander erweist sich als Oleander mit ungefüllten Blüten, die Wurzeln einer Rarität sind nicht in Ordnung und dergleichen Überraschungen mehr. So etwas passiert aber selten. Große Pflanzen werden meist von Leuten verkauft, die sie jahrelang liebevoll und sorgfältig gepflegt haben. Bei Ablegern erlebt man da schon eher mal Enttäuschungen.
Daß privat gekaufte Kübelpflanzen in den meisten Fällen deutlich billiger sind als beim Fachhändler, hat seinen Grund: Privatverkäufer bieten ihre überzähligen Pflanzen meist zu einem Zeitpunkt an, zu dem sie noch nicht sehr dekorativ sind. Sie kommen eben aus dem Winterquartier oder befinden sich noch dort, haben also in manchen Fällen keine Blätter, so gut wie nie Blütenknospen, müssen noch geschnitten oder umgetopft werden. Kurzum, sie machen erst mal Arbeit, ehe man sich an ihnen erfreuen kann. Der Fachhandel verkauft voll ausgetriebene Kübelpflanzen mit Blättern

und Knospen, und auch schon in Form geschnitten. Man sieht also auf den ersten Blick, was man kauft. Für einen Anfänger in Sachen Kübelpflanzen zumindest hat das durchaus seine Vorteile.

Selber ziehen statt kaufen

Die preiswerteste Möglichkeit, zu schönen Kübelpflanzen zu kommen, ist die, sie selbst aus Stecklingen, Ablegern oder Samen heranzuziehen (→ Seite 48). Viele Pflanzenfreunde haben daran großen Spaß. Schließlich sind es »die eigenen Kinder«, die man so herangezogen hat. Doch die Abkömmlinge machen viel Arbeit, brauchen Pflege und Geduld. Denn bei den meisten südlichen Pflanzen dauert es Jahre, bis sie zu stattlichen Exemplaren herangewachsen sind. Ableger aus dem Süden oder kleine Pflanzen als Urlaubsmitbringsel (→ Grünteil, Seite 70) wachsen problemlos an, wenn sie die Reise unbeschadet überstanden haben. In südlichen Ländern findet man in kleinen Gärtnereien manchmal junge Exemplare recht seltener Kübelpflanzen – in rostigen Blechdosen und lehmiger Erde herangezogen. Da heißt es natürlich zugreifen, wenngleich die Umgewöhnung an lockeres, nährstoffreiches Substrat, wie es die Pflanzen bei uns gewöhnt sind, nicht immer ganz problemlos ist. Gute Erde aber brauchen sie. Bei uns herrschen zum einen nicht die idealen Klimabedingungen, die diesen Pflanzen im Süden – selbst unter schwierigen Bedingungen – das Einwurzeln ermöglicht haben, zum anderen sollen sie ja zu großen, stattlichen Exemplaren heranwachsen. Das können sie nur in nährstoffreicher Erde.

Wann kauft man Kübelpflanzen?

Ende April, Anfang Mai, wenn die Temperaturen allmählich sommerlich werden, ist die richtige Zeit für den Kauf von Kübelpflanzen. Von Gartenbaubetrieben in Gewächshäusern herangezogen oder importiert, sind die Pflanzen nun schon prächtig anzusehen, gut belaubt und haben vielleicht schon die ersten Blütenknospen. Jetzt, ehe sie blühen, kann man sie noch in größere und dekorativere Kübel umtopfen, denn angeboten werden sie meist in zu kleinen Plastikcontainern. Aber jetzt sind sie natürlich auch am teuersten. Wer weniger bezahlen will, kann eine andere Möglichkeit nutzen:

Spätestens im August bieten viele Gartencenter, oft auch Supermärkte, Kübelpflanzen zu Billigpreisen an. Ein »Ausverkauf« ist immer noch preisgünstiger für den Händler, als die großen Pflanzen mit viel Aufwand im geheizten Gewächshaus zu überwintern. Bei diesen Angeboten kann man ruhig zugreifen, vorausgesetzt, die Pflanzen sind in Ordnung (→ Seite 11). Sie dürfen jedoch nicht mehr im selben Jahr umgetopft werden. Blühende Pflanzen werfen sonst Blüten und Knospen ab, auch Blattpflanzen vertragen eine Umtopfaktion mitten in ihrer Reifeperiode nicht. Man läßt die spät gekauften Pflanzen also in den Containern, in denen man sie gekauft hat, und versenkt den Container in ein hübsches Gefäß, das mit Kies, Sand oder Blähton aufgefüllt wird. Das gibt der Pflanze Stand und Halt. Umgetopft wird dann erst im nächsten Frühjahr, nach der Überwinterung.

Einfüttern.
Im Spätsommer gekaufte Kübelpflanzen nicht mehr umtopfen, sondern im Verkaufscontainer in einen Übertopf mit Abzugslöchern stellen und die Zwischenräume mit Kies oder Blähton füllen – so bekommt die Pflanze Standfestigkeit.

Worauf man beim Kauf achten sollte

Um Enttäuschungen mit einer neu erstandenen Kübelpflanze zu vermeiden, lohnt es sich, mit dem Verkäufer – ob im Fachhandel oder privat – ein ausführliches Informationsgespräch über die Bedürfnisse der Pflanze zu führen. Gute Fachkräfte in seriösen Geschäften können Ihnen genau sagen, welche Ansprüche eine Pflanze hat, wie man sie pflegt, wie groß sie wird und auch, wie alt sie zum Zeitpunkt des Kaufs ist. Denn manche sogenannte »erwachsene« Pflanze stellt sich später als hochgepuschte Jungpflanze heraus, die keine Überlebenschancen hat oder sich bestenfalls sehr langsam entwikkelt. Darüber hinaus ist es selbstverständlich und auch erlaubt, daß man eine Pflanze vor dem Kauf gründlich inspiziert. Das darf allerdings nicht heißen, daß man jedes Blättchen umdreht und kontrolliert.

So sehen gesunde Pflanzen aus
Eine gesunde Jungpflanze ist buschig und bei strauchigen Formen eher breit als hoch. Die Rinde der Triebe oder Stämme ist glatt, mit Ausnahme der Pflanzen, die von Natur aus einen rauhen Stamm haben wie beispielsweise Palmen. Die Blätter sind glänzend und frisch, die neuen jungen Blätter deutlich heller als die älteren. Triebspitzen zeigen Ansätze für neue Blätter oder Blüten.
Eine bereits erwachsene, ältere Pflanze muß ebenfalls voll belaubt und gut verzweigt sein. Kahle Triebe bei älteren Pflanzen treiben nicht mehr aus. Die Blätter sind saftig grün, im Frühjahr haben ältere Pflanzen viele Blatt- und Blütenansätze. Kauft man im Herbst, ist der Neuzuwachs nicht mehr wichtig. Dann achte man darauf, daß die einjährigen Triebe sich bereits verholzen; nur so kommt die Pflanze ohne Schaden durch den Winter.

Sind die Blätter gesund?
Blattflecken (gelbe, braune oder rostfarbene) sind Anzeichen von Krankheit (→ Seite 44).
Die Blätter fallen bald ab, und man muß damit rechnen, daß die Pflanze ganz eingeht.
Welke Blätter lassen im allgemeinen darauf schließen, daß die Pflanze einige Tage trocken gestanden hat, was meist kein Unglück ist. Sind die Blätter aber welk und ist der Ballen naß, weist das auf eine Schädigung der Wurzeln hin. Bei Immergrünen, wie Bambus und Oleander, dürfen die Blätter niemals trocken und welk sein, denn das heißt, daß die Pflanze bereits schwer geschädigt ist.

Haben die Wurzeln Platz?
Bei großen Pflanzen in kleinen Containern sollte man sich den Wurzelballen anschauen. Ist er dicht verfilzt und kaum von Erde umschlossen, oder wachsen die Wurzeln schon durch das Abzugsloch heraus, hat die Pflanze über längere Zeit zuwenig Nahrung bekommen. Das bedeutet, daß man zu Hause den Wurzelballen auseinanderziehen und dabei die Beschädigung der Feinwurzeln vermeiden muß.
Bei geteilten Pflanzen, etwa bei Bambus oder Schmucklilie, sollte man kontrollieren, ob die Teilungsstelle nicht fault.

Terrassenbegrenzung mit Hortensie und Schmucklilie.

Austriebe und Blüten
Eine große Anzahl neuer Austriebe – zumindest im Ansatz – ist bei Kübelpflanzen, die im Frühjahr gekauft werden, die Garantie dafür, daß die Pflanze zügig weiterwächst. Sind die Spitzen der Triebe welk oder gar braun – Hände weg, sie wachsen nicht weiter.

Pflanzen mit Blütenknospen haben Vor- und Nachteile: Einerseits kann man feststellen, in welcher Farbe die Pflanze blühen wird, andererseits fallen bei manchen blühenden Kübelpflanzen – so beim Hibiskus, bei der Schönmalve und auch bei Fuchsien – die Knospen ab, wenn die Pflanze umgestellt wird. Kauft man aus diesem Grund lieber eine Pflanze ohne Blütenknospen, läßt sich mit einem seriösen Gartenbaubetrieb eventuell eine Art Umtauschgarantie verabreden: Man bewahrt Rechnung und Namensschild der Pflanze auf und kann sie umtauschen, wenn sie nicht in der gewünschten Farbe blüht.

Gesunde Rinde
Bei Hochstämmchen und bei verholzenden Pflanzen (zum Beispiel Lorbeer oder Lagerstroemia) sollte man darauf achten, daß die Rinde nicht beschädigt ist. Wenn sie verschorft

oder verletzt ist oder gar abfällt, wenn grüne Verletzungen sichtbar sind (beim Transport vom Erzeuger zum Blumengeschäft kann das durchaus vorkommen), sollte man auf einen Kauf verzichten. Solche Wunden sind ideale Brutplätze für allerlei Bakterien und Pilze (→ Seite 43 bis Seite 47).

Krankheiten und Schädlinge
Oleanderpflanzen, die aus südlichen Ländern importiert werden, leiden des öfteren an Oleanderkrebs (→ Seite 45) und einer anderen Pilzkrankheit, Ascochyta (→ Seite 45). Pflanzen, die von diesen Krankheiten befallen sind, sollte man nicht kaufen. Pflanzen aus dem Fachgeschäft haben nur selten Schädlinge. Die Gartenbaubetriebe achten schon im eigenen Interesse darauf, daß Schädlinge rechtzeitig vernichtet werden. Dennoch sollte man auch hier die Pflanzen auf Schildläuse, Spinnmilben und andere Schädlinge untersuchen (→ Seite 45 und 46). Sie sitzen mit Vorliebe an den Blattunterseiten und in den Blattachseln, eine oberflächliche Betrachtung reicht also nicht aus. Stark befallene Pflanzen läßt man stehen, auch wenn sie noch so günstig angeboten werden. Sie gefährden sonst gesunde Pflanzen.
Ältere Pflanzen haben manchmal Schwierigkeiten, sich an ein neues Kleinklima zu gewöhnen, reagieren mit Blattabfall, Blühfaulheit und Entwicklungsstopps, vor allem dann, wenn sie jahrelang in einem beheizten Gewächshaus standen. Sie gewöhnen sich an den Aufenthalt im Freien nur schwer.

Mein Tip: Kräftige, gesunde Jungpflanzen sind immer die bessere Alternative zu großen, alten Kübelpflanzen – auch wenn es einige Zeit dauert, bis sie zu stattlichen Exemplaren heranwachsen.

Stellplätze, Pflanzgefäße, Pflege nach dem Kauf

In unseren eintönigen Stadtlandschaften ist das Wort »Begrünung« wichtig geworden. Doch nicht überall kann man Bäume und Sträucher in die Erde pflanzen – sie ist zubetoniert. Mit Kübelpflanzen bringt man Leben zwischen graue Mauern, macht man Höfe, Terrassen und Balkone zu bunten Gärten.

Kübelpflanzen auf der Terrasse

Die Terrasse ist wohl der beliebteste Platz für schöne und dekorative Kübelpflanzen, die Verwendung der Pflanzen hier so vielfältig wie die Vorlieben der Terrassenbewohner. Außerdem bietet sich eine Terrasse wegen ihres günstigen Kleinklimas für die wärmeliebenden Kübelpflanzen geradezu an:

- Hier sind sie vor Wind geschützt;
- die Hauswände geben auch abends und in der Nacht noch die gespeicherte Wärme des Tages ab;
- und es gibt meist auch einen Sonnenschutz, den manche Kübelpflanzen ebenso brauchen wie wir, wenn wir uns auf der Terrasse aufhalten.

Ein grüner Sichtschutz
Als attraktiver Sichtschutz zum Nachbarn oder zur Straße hin eignen sich vor allem große Kübelpflanzen, besonders, wenn es sich dabei um Pflanzen mit dichter Belaubung handelt, die nach Möglichkeit auch noch üppig blühen. Dichte Bambusarten können Sie für einen solchen Sichtschutz ebenso verwenden wie Oleander, Datura, Hammerstrauch *(Cestrum)* und Kassie. Doch auch eine immergrüne Aukube kann sich hier prachtvoll entfalten, wenn sie vor der prallen Sonne geschützt ist.

Auspflanzen in Gartenerde
Wenn Sie Ihre Terrasse mit einer solchen Hecke aus Kübelpflanzen eingrenzen wollen, sollten Sie die Pflanzen nach Möglichkeit während des Sommers direkt in Gartenerde einsetzen. So werden sie größer und schöner. Um Ballen und Wurzeln beim Herausnehmen im Herbst nicht zu sehr zu beschädigen, setzt man die Pflanze dabei nicht direkt in die Erde, sondern zuerst in einen Plastikkorb, der dann in das Beet gesenkt wird. Dieses Auspflanzen hat noch einen weiteren Vorteil: Die Pflanzen trocknen lange nicht so schnell aus wie im Kübel.

Strauchmargeriten-Hochstämmchen. Von Mai bis Oktober blüht die Strauchmargerite unermüdlich, wenn sie sonnig steht und täglich gegossen wird. Verblühtes immer abschneiden.

Solitär oder Kronenbäumchen?
Als reine Dekoration auf der Terrasse eignet sich eine einzelne Kübelpflanze besser als mehrere kleine. Vor allem dann, wenn es sich um eine buschig wachsende Pflanze handelt. Hübsche Kronenbäumchen jedoch wirken auch in einer kleinen Gruppe angeordnet sehr reizvoll, wenn auf der Terrasse genügend Platz ist.

Kletterpflanzen auf der Terrasse
An einer sonnigen Terrassenwand gedeihen auch prächtige Kletterer im Kübel und verleihen der sommerlichen Terrasse eine besondere Note. Die Bougainvillea fühlt sich hier an einem Gerüst wohl, Clematis und Geißblatt (*Lonicera caprifolium*) können sogar im Winter draußen bleiben (→ Überwinterung, Seite 33).

Kübelpflanzen auf dem Balkon

Auch ein Balkon läßt sich in ein kleines Kübelpflanzenparadies verwandeln. Noch mehr als auf einer Terrasse ist hier allerdings auf das den Pflanzen bekömmliche Kleinklima zu achten. Auf einem Nordbalkon herrschen andere Licht- und Temperaturverhältnisse, gedeihen andere Pflanzen als auf einem Südbalkon. Auf vielen Balkonen zieht es, und gegen Wind sind alle Kübelpflanzen empfindlich. Bauen Sie einen Windschutz aus Glas oder ein Gerüst, das Sie mit Rankern oder Kletterern bewachsen lassen (→ Grünteil, Seite 62). Dieser Windschutz kommt nicht nur den Pflanzen, sondern auch den Menschen zugute.

Gestaltungsmöglichkeiten
Für viele Stadtbewohner, die keinen Garten besitzen, ist der Balkon der einzige Platz, wo man sich gemütlich ins Freie setzen kann. Die abwechslungsreiche Gestaltung mit Kübelpflanzen verwandelt einen Balkon in ein grünes Zimmer. Auf einem großen Balkon können Sie eine ganze Reihe

Unterlage für Holzkübel.
Damit der Kübelboden nicht fault, Holzkübel immer auf eine Unterlage stellen, ein paar Ziegelsteine genügen. Die Steine so unterlegen, daß der Kübel nicht kippen kann.

von Kübelpflanzen rundum stellen, das wirkt wie ein grüner Schutzwall. Er schützt vor Blicken von draußen und verdeckt so manches nicht gerade dekorative Gegenüber. Speziell für diese Abgrenzung wählen Sie am besten Pflanzen, die buschig sind, nicht allzu ausladend werden und viele Wochen lang blühen. Oleander eignet sich gut, die Schönmalve ist ideal, wenn der Balkon verhältnismäßig windstill ist; eine Bleiwurz kann man sogar als Ampelpflanze oder am Gerüst ziehen.
Auf größere Balkone passen Bambus, Lagerstroemien, Hammerstrauch und Strauchrosen. Kübelpflanzen für den Balkon dürfen auch etwas kleinwüchsiger sein, denn der Platz und die Tragfähigkeit sind ja meist beschränkt.
Mobile Kübelpflanzen auf dem Balkon sind eine praktische Sache: Man kann sie bei Bedarf verschieben – sofern sie nicht empfindlich auf Ortsveränderungen reagieren –, und vor allem: Sie lassen sich im zeitigen Frühjahr und im Herbst auch schnell ins Zimmer schaffen, wenn verspätete oder frühe Nachtfröste angesagt sind. Auf einem einfachen Rollbrett (→ Grünteil, Seite 68) bringt man sie von draußen nach drinnen – und verlängert damit die Saison für diese Pflanzen im Freien um mindestens zwei Monate.

Kübelpflanzen in Innenhöfen

In Innenhöfen herrschen ideale Bedingungen für die wärmebedürftigen Kübelpflanzen. Voraussetzung: Die Sonne scheint mindestens den halben Tag hinein. Gepflasterte Innenhöfe kann man oft nur mit Kübelpflanzen begrünen. Gerade hier gibt es schöne Gestaltungsmöglichkeiten, zum Beispiel nach der traditionellen japanischen Art:
Mit Wasser und Bambus – ein Innenhof, geschmückt mit einem Wasserbecken, daneben ein dekorativer Bambus.
Eine andere Möglichkeit:
Kübelpflanzensammlungen, zum Beispiel von Daturen verschiedener Art, oder von unterschiedlich blühenden Oleandern. Oder eine Sammlung reiner mediterraner Kübelpflanzen, bei der auch der Olivenbaum nicht fehlen darf.
Kleine Obstbäume in Kübeln, beispielsweise Pfirsiche, Kirschen, Birnen und Äpfel, gedeihen wegen des warmen Kleinklimas ebenfalls ausgezeichnet in einem Innenhof. Auch Johannis- und Stachelbeeren reifen im Kübel heran (→ Grünteil, Seite 66). Was für die Terrasse gilt, sollten Sie, wenn möglich, auch in einem Innenhof praktizieren: die Kübelpflanzen

den Sommer über in einen vom Pflaster ausgesparten Streifen Erde auszupflanzen.

Kübelpflanzen auf Dachgärten

Kübelpflanzen sind wie geschaffen für Dachgärten. Ohne aufwendige Baumaßnahmen, schnell und preiswert, können Sie sich damit auf dem Dach einen schönen Garten anlegen. Denken Sie aber daran, daß der Dachgarten nicht beliebig belastet werden darf (→Seite 8).

Für ausreichende Standfestigkeit sorgen: Damit die Kübelpflanzen bei starken Stürmen nicht vom Dach geweht werden, setzt man sie am besten mitsamt ihren Ton- oder Plastikbehältern in gut verankerte, standortfeste, sehr schwere Gefäße aus Beton oder Kunststein. Das erleichtert auch das Ein- und Ausräumen.

An den Winter denken: Die Frage, wie man große, schwere Kübelpflanzen vom Dachgarten ins Winterquartier – womöglich über viele Stockwerke hinweg – transportiert, konnte noch niemand befriedigend lösen. Wählen Sie deshalb lieber kleinere Pflanzen oder solche, die den Winter im Wohnzimmer verbringen oder in einem Korb im dunklen, kühlen Keller überleben können.

Kübelpflanzen im Eingangsbereich

Kübelpflanzen sind ideale »Türsteher«. Schon vor Jahrhunderten flankierten kugelig geschnittene Lorbeerbäumchen Eingänge und Portale vornehmer Häuser.

Hortensien gedeihen in Kübeln ausgezeichnet, sie brauchen aber sehr viel Wasser.

Mit einem schmucken Kronenbäumchen an jeder Seite wird auch Ihre Haustür zu einem wahrhaft fürstlichen Eingang. Sehr hübsch sieht es auch aus, etwa in einem schmalen Vorgarten, wenn eine ganze Allee von Kübelpflanzen auf die Haustür zuführt.
Diese Allee sollte sich immer weiter öffnen, je weiter sie vom Eingang wegführt; nur in dieser Form wirkt sie großzügig. Dabei lassen sich diese flankierenden Pflanzen im Kübel sehr interessant kombinieren: Bunt gemischt – oder in nur einer Farbe; mit einer kleinen Allee von Kronenbäumchen erzielen Sie eine ganz besondere Wirkung.

Unempfindliche Pflanzen wählen
Da der Eingangsbereich nicht immer ganz geschützt ist, sollten Sie hier nur Pflanzen aufstellen, die nicht sehr windempfindlich oder anfällig gegen Luftverschmutzung sind, denn die meisten Türen liegen zur Straße hin. Wählen Sie in diesem Bereich die Kübel auch passend zum Haus, nicht nur zu den Pflanzen, dann ist der Gesamteindruck harmonisch.

Ein weißer Oleander als Solitärpflanze auf dem Rasen.

Mein Tip: Achten Sie darauf, daß de[r] Postbote ungehindert den Briefkasten erreichen kann – ohne sich erst durch ein Spalier von Kübelpflan[-]zen hindurchkämpfen zu müssen. Er hat das sicherlich nicht so gerne, und den Pflanzen bekommt es auch nicht. Sichern Sie Pflanzen direkt an der Straße durch eine Kette gegen Diebstahl (→ Grünteil, Seite 60).

Solitärpflanzen im Garten

Eine einzelne, große Kübelpflanze kann einen schlichten Rasen im Garten zu einem optischen Ereignis machen – auch wenn der Rasenplatz noch so klein ist.

Sie wollen auffallen
Als Solitäre im Garten eignen sich besonders schön und gleichmäßig wachsende Pflanzen, die sehr groß werden: eine Agave, Palme, Datura, Schmucklilie oder ein Zitronenbaum. Auch eine Hochstammrose im Kübel kann diesen Platz einnehmen, aber nur, wenn in der Nähe keine anderen Rosen stehen. Inmitten vieler andere[r] Gartensträucher und Blumen wirkt sie überhaupt nicht. Im Garten muß eine Solitärpflanze einen exponierten Platz haben, um aufzufallen. Dazu gehört auch, daß sie in einem besonders dekorativen, großen und schwe[-]ren Kübel steht, damit sie bei Wind nicht umgeworfen wird. Um die Wirkung einer Solitärpflanze noch zu betonen, kann man den kleinen Platz auf dem der Kübel steht, zusätzlich pflastern (→ Grünteil, Seite 67).

Kübelpflanzen-Gärten

Sie sind etwas für Fans und Sammler und dazu wird beinahe jeder, der sic[h] mit Kübelpflanzen beschäftigt. Ein Kübelpflanzen-Garten ist eine harmo[-]nische Ansammlung vieler Kübelpflanzen. Voraussetzung ist, daß ma[n] dafür viel und vor allem auch den rich[-]tigen Platz hat. Das kann ein von

Mauern umgebener Hof, eine gepfla-
sterte Stelle im Garten oder eine son-
nige Ecke in einem Hinterhof sein –
die Möglichkeiten sind vielfältig.

So können sie aussehen
Damit Kübelpflanzen-Gärten aber nicht zu einer bloßen Ansammlung von Pflanzen werden, sollte man sie hübsch gestalten und auch etwas auflockern: Stellen Sie einen oder zwei Wassergärten im Kübel dazu (→ Grünteil, Seite 71), rücken Sie einen Stuhl oder gar eine Sitzbank zwischen die Pflanzen, oder lockern Sie die Sammlung einfach nur durch eine hübsche Steinsäule auf. In Kübelpflanzen-Gärten lassen sich auch interessante Gruppierungen zusammenstellen: Große und kleine Pflanzen derselben Sorte, hellblättrige und dunkle Grünpflanzen und natürlich auch Gruppen, deren Blüten Ton in Ton aufeinander abgestimmt sind – zartrosa bis rot blühend, Farbpaletten in verschiedenen Blautönen oder Pflanzengruppen ganz in Weiß. Durch Balkon- und Sommerblumen in denselben Farben wirken solche »Farbgärten« noch intensiver.

Pflanzgefäße

Kübelpflanzen brauchen – bis auf wenige Ausnahmen – sehr große Pflanzgefäße. Aus gutem Grund: Die Töpfe müssen so viel Substrat, also Erde oder Erdmischungen enthalten, daß sich die großen Pflanzen ausreichend ernähren können. Diese Erde muß viel Wasser speichern, sonst verdursten die Pflanzen. Je umfangreicher der Wurzelballen wird, je weiter sich die kleinen Feinwurzeln ausbreiten können, desto besser wächst und gedeiht eine Pflanze. Und das ist nur in einem reichlich großen Pflanzgefäß der Fall.

In unserem Klima selten: die exotischen Blüten der Zierbanane.

Ästhetische und praktische Gesichtspunkte
Große Pflanzgefäße sind meist teuer. Ihr Preis beträgt oft ein Vielfaches von dem der Pflanze selbst. Vor allem schöne Terrakottatöpfe mit plastischen Mustern sind nicht billig. Holzkübel passen gut zu allen Kübelpflanzen – daher haben sie schließlich auch ihren Namen. Am preiswertesten – jedoch nicht sehr schön – sind Pflanzgefäße aus Plastik. Es gibt natürlich noch viele andere Möglichkeiten, eine Kübelpflanze dekorativ einzupflanzen, angefangen von einer alten Milchkanne aus Blech über Keramikkrüge bis zu hölzernen Backtrögen. Lassen Sie sich bei der Wahl der Pflanzgefäße aber nicht nur von ästhetischen Gesichtspunkten leiten. Die Pflanze soll zwar zum Kübel, der Kübel zu seiner Umgebung passen. Schönheit oder Originalität sollen allerdings nicht die Hauptrolle spielen. Die Gefäße müssen groß genug für die Pflanzen sein; das Ein- und Auspflanzen darf nicht zum Problem werden; sie sollten sich leicht reinigen lassen (wenn es regnet, verschmutzen sie nämlich); und sie sollten lange halten.

Tontöpfe
Tongefäße, insbesondere Töpfe aus Terrakotta, zählen zweifellos zu den schönsten Gefäßen für Kübelpflanzen. Sie haben leider auch ihre Nachteile.

- Durch den porösen, gebrannten Ton verdunstet die Feuchtigkeit aus dem Pflanzsubstrat schnell, so daß die Erde austrocknet und abkühlt. Viele Pflanzen mögen aber keine »kalten Füße«.
- An Tongefäßen bilden sich sehr rasch Kalkausblühungen und, gerade bei Kübelpflanzen, die ja im Freien stehen, häßliche grüne Algenschich-

ten. Man muß sie also immer wieder abschrubben.

- Tongefäße zerbrechen leicht, wenn die Pflanze durch den Wind oder eine Ungeschicklichkeit umgeworfen wird. Auch ein rasch wachsender Wurzelballen kann einen Tontopf ohne weiteres sprengen.
- Bedenken Sie auch das Eigengewicht eines großen Pflanzkübels aus Terrakotta – auf einem Balkon oder einem Dachgarten spielt das schon eine Rolle.
- Tonkübel sind nicht billig. Wenn Sie die Möglichkeit haben, sich aus dem Urlaub in den Mittelmeerländern schöne Terrakottagefäße mitzubringen, sollten Sie die Gelegenheit ergreifen. Dort sind sie erheblich billiger als bei uns. Es gibt zwar auch hierzulande relativ preiswerte Töpfe aus Terrakotta, leider sind sie meist von minderer Qualität.

Pflanzenkübel mit Wasserreservoir. Durch einen Docht, ein gelochtes Rohr oder andere Systeme wird das Substrat aus dem Wasserspeicher unten im Gefäß mit Wasser und Dünger versorgt. Der Wasservorrat reicht für maximal drei Tage.

Mein Tip: Lassen Sie sich nicht dazu verleiten, Tonkrüge zu bepflanzen, die sich nach oben hin verjüngen. Diese Krüge sind zwar schön, aber unpraktisch, denn man muß sie zerbrechen, um die Pflanze beim Umtopfen herauszunehmen: Bereits nach einem Jahr hat sich der Wurzelballen im bauchigen Innern des Kruges so ausgebreitet, daß er nicht mehr durch die schmale Öffnung paßt.

Holzkübel

Kübel aus Holz sind wohl die ältesten Pflanzgefäße für Kübelpflanzen, die man kennt. Schon auf uralten Stichen sieht man Lorbeer-, Zitronen- und Orangenbäume in großen Holzkübeln. Diese Behälter passen zu jeder Umgebung, zum Bauernhaus ebenso wie zu einem modernen Wohnhaus. In Fachgeschäften und Gartencentern werden Holzkübel in allen Größen angeboten. Auch sie sind nicht gerade billig, besonders dann nicht, wenn es sich um Kübel aus Hartholz handelt, die eine längere Lebensdauer haben. Preiswerter ist es, wenn man ein altes Wein- oder Fischfaß zum Pflanzkübel »umbaut« (→ Grünteil, Seite 63). Ist das Faß groß genug, sägt man es in der Mitte durch und hat gleich zwei Kübel. Alte hölzerne Waschbottiche eignen sich ebenfalls zum Bepflanzen.

<u>Was bei Holzgefäßen zu beachten ist:</u>
Alte Fässer und Bottiche müssen gründlich gereinigt und längere Zeit vor dem Bepflanzen mit einem pflanzenverträglichen Holzschutzmittel imprägniert werden (→ Grünteil, Seite 63). Auf jeden Fall muß der Boden eines Holzkübels genügend große Abzugslöcher haben und der Kübel selbst immer auf einer Unterlage stehen (das können ein paar Ziegelsteine oder ein Rost sein), damit das Gießwasser ablaufen kann. Wenn der Boden des Holzgefäßes nicht ständig hinterlüftet wird, fault er schnell. Auch wenn Sie ein Holzfaß nur als Übertopf verwenden, darf es nicht direkt auf der Erde stehen. Alte Fässer sind häufig aus Eichenholz (Hartholz) und halten Jahre, bei guter Pflege sogar Jahrzehnte. Holzkübel aus weichen Hölzern sind sehr anfällig gegen Feuchtigkeit, sie verrotten relativ schnell. Das sollten Sie beim Kauf von vornherein einkalkulieren.

Plastikkübel

Zweifellos am praktischsten – gerade für große, schwere Kübelpflanzen – sind Plastiktöpfe. Sie sind leicht und nahezu unbegrenzt haltbar, sie halten die Erde warm, und das Wasser kann nicht durch die Kübelwände verdunsten. Pflanzgefäße aus Plastik sind zwar recht preiswert, aber eben nicht gerade schön. Selbst wenn sich die Hersteller noch so große Mühe bei der Imitation von Holzkübeln oder Terrakottagefäßen geben – man sieht, daß es eine Imitation ist. Nüchtern und solide sind die großen schwarzen Mörtelkübel, in denen die Pflanzen viel Platz haben und die praktisch unzerstörbar sind. Es gibt sie in verschiedenen Durchmessern und Tiefen, und da sie sich nach unten kaum verjüngen, haben vor allem große Pflanzen darin einen festen Stand. Bevor sie jedoch als Pflanzgefäße verwendet werden, muß man für Abzugslöcher im Boden sorgen (→ Grünteil, Seite 57).
Hin und wieder ist zu lesen, die Erde in den schwarzen Kübeln würde sich so stark aufheizen, daß die Pflanzen darin verbrennen. Das stimmt nicht: Plastik ist nämlich ein ausgesprochen schlechter Wärmeleiter.

Tongefäße für Kübelpflanzen gibt es in vielen Formen und Größen. Sie brauchen Pflege, dann halten sie sehr lange.

Gefäße mit Wasserreservoir

Für kleinere Kübelpflanzen gibt es Pflanzgefäße mit Wasserreservoir. Diese Kübel haben im unteren Teil einen Wasserspeicher, der – je nach Größe des Gefäßes – bis zu 10 l Wasser faßt. Das Wasser, das auch mit Dünger angereichert werden kann, wird bei den verschiedenen Systemen auf unterschiedliche Weise in das Substrat transportiert: über Dochte, die ins Wasser hängen oder über mit Erde gefüllte Einsätze, die bis auf den Grund des Wasservorrats reichen. Ein anderes Bewässerungssystem besteht aus Steinwollmatten, die auf einem Wasserspeicher aufliegen. Bei all diesen Systemen ist wichtig: Sie müssen einen funktionierenden Wasserstandsanzeiger haben! Bei Überfüllung des Vorratsgefäßes faulen die Wurzeln, da sie ja ständig im Wasser stehen. Kübel mit Wasserreservoir sind allerdings gerade groß genug, um unbesorgt einen Kurzurlaub von einigen Tagen zu genießen. Reservoirs für zwei bis vier Urlaubswochen gibt es nicht, dazu brauchen die Kübelpflanzen im Sommer viel zuviel Wasser.

Übertöpfe und Verkleidungen

Sind die Pflanzkübel nur praktisch, aber nicht attraktiv, lassen sie sich leicht verstecken. Die einfachste Möglichkeit: Man stellt die Kübel in schöne Übertöpfe – davon gibt es wahre Prachtexemplare aus Keramik, allerdings auch zu prächtigen Preisen! Achten Sie aber sehr darauf, daß die Pflanzen nach reichlichen Regengüssen nicht in einem Fußbad stehen, das führt zu Staunässe (→ Seite 43).

Große Weiden- oder Bambuskörbe sind originell und schön, sofern sie zur Umgebung passen. Sie haben nur einen Nachteil: Ihre Lebensdauer ist relativ kurz, weil der Korbboden durch das abfließende Gießwasser ständig feucht ist und dadurch schnell verrottet. Auch eingelegte Untersetzer und Folien helfen da nicht viel.

Hübsche Holzverkleidungen und -kästen für sehr große Kübel können Sie mit etwas Geschick selber bauen (→ Grünteil, Seite 71). Es gibt sie natürlich auch zu kaufen – aus Holz oder Plastik. Wenn es die Platzverhältnisse erlauben und es zum Haus paßt, kann man sogar aus Ziegelsteinen kleine Pflanztröge mauern. Auch bei ihnen darf man den Wasserablauf an der Unterseite nicht vergessen.

Hängepflanzen als Verkleidung sind eine weitere Möglichkeit, unschöne Kübel zu kaschieren. Dabei ist nicht nur das optische Bild zu berücksichtigen – also ob Kübel- und Hängepflanze auch zusammenpassen –, sondern vor allem darauf zu achten, ob beide Pflanzen das gleiche Nahrungs- und Lichtbedürfnis haben.

Eine Unterpflanze mit geringem Düngeranspruch wird im gleichen Substrat wie eine sehr nahrungsbedürftige Kübelpflanze nicht gut gedeihen. Sehr dekorativ wirken blühende Hängepflanzen, beispielsweise Kapuzinerkresse, die sich wie ein Mantel um das Pflanzgefäß legen; sie haben allerdings ein Handicap: Unter schattenspendenden Kübelpflanzen blühen sie nicht so gerne; sie wachsen weiter, bis die Triebe in die Sonne kommen, und blühen dann erst – einen Meter von der Kübelpflanze entfernt. Mit einer grünen Hängepflanze, zum Beispiel Efeu, oder mit einer dekorativen Blattpflanze, wie etwa der Iresine mit ihren leuchtendroten Blättern, geht man auf Nummer Sicher.

Was nach dem Kauf zu tun ist

Aus Transport- und Kostengründen werden Kübelpflanzen in relativ kleinen Plastikcontainern verkauft. In diesen Töpfen können sie aber auf Dauer nicht bleiben, man käme dann bald mit dem Gießen nicht mehr nach, und die Pflanzen würden sich darin auch nicht gut entwickeln. Das wichtigste nach dem Kauf ist also das Umtopfen in ein größeres Gefäß.

Vorbereitung des Pflanzgefäßes

Bei einer Jungpflanze sollten Sie sich nicht dazu verleiten lassen, sie in einen zu großen Kübel zu setzen. Das neue Pflanzgefäß sollte im Durchmesser höchstens 10 bis 15 cm größer sein als der Verkaufscontainer (Ausnahme: schnellwachsende Pflanzen wie Datura). Lieber topft man im kommenden Jahr nochmals in einen neuen, größeren Topf um.
Bei einer älteren Pflanze, die in einem großen Verkaufscontainer steht, gilt diese Regel: Der neue Kübel sollte im Durchmesser nur 15 bis 20 cm größer sein. Ist der Verkaufscontainer der Pflanze allerdings sehr klein und der Wurzelballen sehr dicht, muß man in ein wesentlich größeres Gefäß umpflanzen. Dann aber in den ersten Wochen Vorsicht beim Gießen!
Neue Terrakotta- und Tontöpfe müssen mindestens einen Tag lang gewässert werden. Dabei saugen sich die Poren des Materials mit Wasser voll, wodurch verhindert wird, daß sie später zuviel Feuchtigkeit aus dem Substrat abziehen. Bei großen Gefäßen ist das Wässern etwas schwierig – ich lege solche Töpfe eine Nacht lang in die gefüllte Badewanne. Aber auch eine Regentonne kann zum Wässern verwendet werden.
Ältere Töpfe, die schon einmal bepflanzt waren, werden mit Seife (kein Spülmittel verwenden) und einer Wurzelbürste gründlich gesäubert. Algen und Kalkausblühungen entfernt man mit einer Mischung aus Essig und Wasser im Verhältnis 1 : 2, der man eine kräftige Gabe Salz (auf 1 l eine Handvoll) beimischt. Läßt man diese Mischung etwas einwirken, verschwinden Kalk und Algen zuverlässig.
Plastikkübel brauchen nicht gereinigt werden. Wenn nötig bohrt man zusätzliche Abzugslöcher in die Unterseite des Topfes.
Alte Holzkübel behandelt man mit einem ungiftigen Holzschutzmittel (→ Grünteil, Seite 63).
Neue Holzkübel können so verwendet werden, wie man sie gekauft hat.

Die Drainage

In jedes größere Pflanzgefäß wird zuerst eine etwa 10 cm hohe Drainageschicht aus mittelfeinem Kies eingefüllt. Sie verhindert, daß Substrat und Wurzeln die Abzugslöcher verstopfen. Verstopfte Abzugslöcher sind die Hauptursache für Staunässe. Über die Kiesschicht breitet man, leicht an den Kübelwänden hochgezogen, ein Stück Vlies oder Schlitzfolie (nicht auseinanderziehen), wie man sie auch auf Gemüsebeeten verwendet. Folie und Vlies verhindern, daß Erdteile in die Drainageschicht gespült werden und eines Tages doch die Abzugslöcher verstopfen.

In den neuen Kübel setzen

- Die Pflanze mitsamt der Erde aus dem Verkaufscontainer nehmen, dabei (nach Augenmaß) festhalten, wie tief sie in den neuen Kübel getopft werden muß.
- So viel Substrat auf die Drainage füllen, daß die Oberkante des Wurzelballens etwa 2 cm tiefer als der Kübelrand steht.
- Die Pflanze auf dieses Substrat setzen.
- Rund um den Wurzelballen nach und nach das neue Substrat füllen und gut andrücken – dabei aufpassen, daß keine Wurzeln verletzt werden. Besteht zwischen Wurzelballen und Topfwand nur ein kleiner Hohlraum, die Erde mit einem Holzstab ringsherum einstopfen.

Drainage anlegen beim Ein- und Umtopfen.

In das Pflanzgefäß etwa 10 cm hoch mittelfeinen Kies geben. Schlitzfolie oder Vlies auflegen und an der Kübelwand etwas hochziehen und andrücken. Neues Substrat einfüllen und Pflanze einsetzen.

Die Pflanze muß so tief in dem neuen Substrat sitzen, wie sie auch vorher in der Erde gestanden ist. Setzt man sie zu tief, faulen die Stengelansätze, sitzt sie zu hoch, vertrocknen die Wurzeln, die aus der Erde herausragen.

Worauf es nach dem Umpflanzen ankommt

Nach dem Pflanzen wird sehr vorsichtig gegossen – auf keinen Fall darf das neue Substrat total durchtränkt werden. Vor allem, wenn große Pflanzen aus zu kleinen Kübeln in sehr viel größere kommen, bildet sich in dem neuen Substrat Staunässe. Da die Wurzeln diesen Teil des Kübels ja noch nicht durchdrungen haben, können sie also von hier kein Wasser abziehen. Die Folge: Das nasse Substrat wird kalt, die Pflanze leidet Schaden.

- Nach dem Umtopfen lieber zweimal am Tag wenig gießen als einmal durchdringend.
- Wenn es draußen bereits sehr warm ist, ein Vlies auf das neue Substrat legen, damit es nicht so schnell austrocknet. So muß auch weniger gegossen werden.
- Nach einigen Tagen, wenn sich das neue Substrat durch das Gießen etwas gesenkt hat, nochmals Erde nachfüllen.
- Jetzt erst den Gießrand anlegen: zwischen Pflanze und Kübelrand etwa 5 cm breit und 2 cm tief (→ Grünteil, Seite 62).
- Pflanzen aus Gartenbaubetrieben sind mit Langzeitdünger versorgt. Sie müssen erst nach 4 bis 6 Wochen wieder gedüngt werden.
- Pflanzen, die man privat gekauft oder geschenkt bekommen hat, mit einem Langzeitdünger (Mineraldünger oder Hornspäne) im neuen Substrat versorgen und auch hier erst nach vier Wochen mit der Düngung beginnen; spätestens allerdings, wenn sich neue Triebe oder gar Blüten zeigen.

Umtopfen bei schlechtem Substrat.

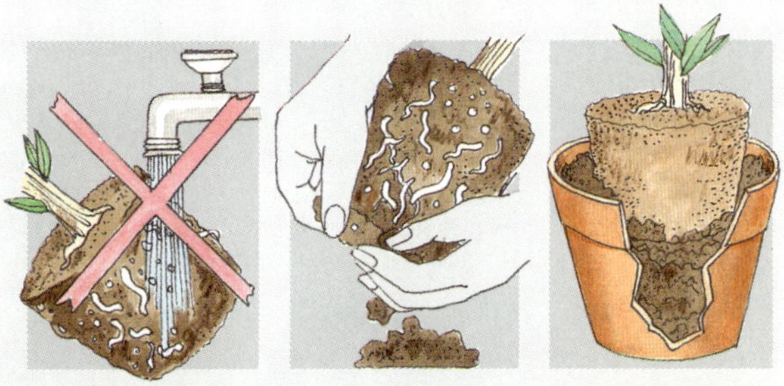

Die Wurzeln von Jungpflanzen, die in »festgebackenem« Substrat stehen, nicht unter dem Wasserhahn abspülen. Mit den Händen die Erde sorgfältig abbröckeln, Wurzeln dabei nicht verletzen. Die Pflanze mit dem Rest des lehmigen Substrats in neue, gedüngte Erde setzen.

Mein Tip: Oft kauft man Pflanzen, die direkt aus mediterranen Ländern importiert wurden. Sie stehen in »Erden«, bei denen man sich nur wundert, wie eine Pflanze darin überhaupt existieren kann. Spülen Sie in solchen Fällen den Lehmklumpen nicht vollständig ab. Feuchten Sie diese »Erde« um den Wurzelballen an und versuchen Sie, soviel wie möglich von dem Lehm abzubröckeln, ohne die Wurzeln zu verletzen, und setzen Sie die Pflanze dann mitsamt dem restlichen Lehm in neue Erde. Durch regelmäßiges Gießen verbindet sich der Lehm mit dem neuen Substrat.

Anpassung ans Freie

Oft werden Kübelpflanzen so zeitig im Frühjahr gekauft, daß Nachtfröste, vor allem die »Eisheiligen« Mitte Mai, die zarten Pflanzen, die ja direkt aus dem Gewächshaus kommen, schädigen können. Der frühe Kauf hat zwar durchaus seine Vorteile: Die Pflanze gewöhnt sich rechtzeitig an das Leben im Freien, wächst gesund und buschig. Aber:
Bei späten Frösten oder Dauerregen muß die Pflanze zurück ins Haus gebracht werden, bis das Wetter wieder besser ist. Lassen Sie die Pflanze deshalb so lange im Verkaufscontainer, bis sie endgültig ins Freie kann. Wenn Sie sie oft genug gießen – sie braucht öfter Wasser als eine Pflanze in einem großen Kübel –, schadet ihr das überhaupt nicht. Haben Sie die Pflanze schon sehr früh im Jahr gekauft oder dauert es sehr lange, bis der Frühling kommt, muß vorsichtig gedüngt werden, sobald die Pflanze auszutreiben beginnt. Bei der Pflege einer gut getriebenen – aber nicht abgehärteten – Kübelpflanze aus dem Gewächshaus sollten Sie immer daran denken, daß diese Pflanze bisher Tag und Nacht das gleiche Klima gewöhnt war. Nun muß sie sich erst auf die unterschiedlichen Temperaturen im Freien, auf Wind und Regen umstellen.
Geduld und Unterstützung ist wichtig. Diese Umstellung ist für viele Pflanzen ein Schock, auf den sie mit Wachstumsstop, Abwerfen von Blüten und Blättern oder mit Gelbwerden vieler oder auch nur einzelner Blätter reagieren. Auch bei bester Pflege sind solche Folgeerscheinungen nicht auszuschließen. Haben Sie bitte Geduld, die Pflanzen stellen sich um und gedeihen dann prächtig. Aber man muß ihnen bei der Umstellung helfen, das heißt, die Pflanzen langsam an die Bedingungen im Freien gewöhnen, um sie allmählich abzuhärten.
Vorsicht: Sonnenbrand! Damit sie keinen Sonnenbrand bekommen – Sonne waren sie ja bisher überhaupt noch nicht gewöhnt –, brauchen die Pflanzen in den ersten Wochen einen

Platz, wo nur morgens oder spätnachmittags die Sonne scheint. Später können sie dann den ganzen Tag über Sonne vertragen. Einzige Ausnahme: der Oleander. Er darf sofort in die pralle Sonne.

Akklimatisierung im Glashaus?
Es wäre ein Fehler, die Pflanze zu Hause erst einmal ins Kleingewächshaus zu stellen. Dort ist es nämlich sehr viel wärmer und auch feuchter als in den klimatisierten Gewächshäusern von Gärtnereien. Die Pflanzen können zugrunde gehen. Die Ausnahmen hier: Wandelröschen *(Latana)*, Lagerstroemien und Engelstrompeten, die noch keine Blätter haben. Sie können hier vorgetrieben werden und kommen ins Freie, sobald die ersten Blätter erscheinen.

Pflanzenkombinationen

Es wäre müßig, Ihnen konkrete Vorschläge für eine Pflanzenzusammenstellung mit Kübelpflanzen zu machen, denn letztlich ist das eine Frage des persönlichen Geschmacks, der Vorlieben und natürlich auch des Platzes, den Sie Ihren Pflanzen anbieten können. Deshalb an dieser Stelle nur einige Tips:

Mit Immergrünen
Die Zusammenstellung von blühenden und grünen Kübelpflanzen wirkt immer gut, denn die Immergrünen setzen ruhige Akzente. Vorsicht jedoch mit allzu bunten Mischungen! Wenn es im großen und ganzen auch stimmt, daß sich in der Natur keine Farben »beißen«, gibt es doch Farbkombinationen, die nicht gerade sehr harmonisch sind. Mit Grünpflanzen kann man immer Ruhepunkte setzen.

Wandelröschen.
Blühen von Anfang Juli bis Oktober; Hochstämmchen sind besonders beliebt.

Mit Balkonblumen
Mit bunten Balkonblumen wird bei Kübelpflanzensammlungen die untere Ebene, in der nur die Pflanzgefäße zu sehen sind, lebendig. Geranien, Fuchsien, einjährige Sommerblumen und Knollenbegonien in Töpfen oder Schalen setzen schon zeitig Farbakzente zu den Kübelpflanzen, die ja meist erst im Sommer blühen.

Mit Unterpflanzungen
Kleinwüchsige Pflanzen, als Unterpflanzung direkt in den Kübel gesetzt, ergeben einen ähnlichen Effekt wie die vorher erwähnte Kombination. Hier sind Ihrer Phantasie keine Grenzen gesetzt. Eine »Grenze« bildet lediglich der Schatten der Kübelpflanze. Darum eignen sich Hochstämmchen auch besser als buschige Kübelpflanzen für eine Unterpflanzung mit Frühlings- und Sommerblühern wie Fleißiges Lieschen (mag Schatten, deshalb gut geeignet), Petunien, Glockenblumen und ähnlichen. Hübsch sieht auch ein Farn unter einem Bambus aus, der noch nicht sehr viele Halme hat. Oder setzen Sie einen Efeu unter einen Lorbeer-Hochstamm: Beide Pflanzen haben dieselbe Blattfarbe, die älteren Blätter sind dunkel, die jungen deutlich heller grün. Efeu wächst immer nach unten über den Kübel, er klettert nicht an den Kübelpflanzen hoch.

Mein Tip: Warnen möchte ich vor einer Zusammenstellung von Kübelpflanzen und Kletterpflanzen, die ab und zu empfohlen wird, mit dem Hinweis, Kletterpflanzen könnten ja auch nach unten wachsen. Weit gefehlt! Alle Kletterpflanzen und Schlinger, mit Ausnahme des Efeus, lassen sich durch nichts vom Wachstum nach oben abhalten, wenn sie einen Halt finden. Mit ihren Ranken und Blättern drücken sie die Zweige einer Kübelpflanze herunter und verfälschen das ganze Bild.

Wachstum und Pflege im Sommer

Eine Pflanze ist ein lebendiges Wesen, wenn auch anderen Ordnungen unterworfen als Mensch und Tier. Um diesem »Lebewesen Pflanze« die richtigen Voraussetzungen für ein gesundes Wachstum zu ermöglichen, muß man über die Vorgänge, die während der Vegetationsperiode in der Pflanze ablaufen, Bescheid wissen. Wie ernährt sie sich? Was geht in der Pflanze vor, wenn sie Wurzeln und Blätter treibt, Blüten und Früchte bildet?

Das Lebewesen Pflanze

Da Kübelpflanzen nicht in einem natürlichen Lebensraum und in einer aufs feinste abgestimmten Lebensgemeinschaft mit anderen Pflanzen, Tieren und Bodenorganismen heranwachsen, ist die Kenntnis dieser Vorgänge für jeden echten Pflanzenfreund nötig. Denn seine Aufgabe muß es sein, diese natürlichen Verhältnisse so gut es geht nachzuvollziehen.

Die Wurzeln
Jede Pflanze lebt in zwei Bereichen: in der Erde mit ihren Wurzeln und über der Erde mit ihren Blättern. Die Wurzeln bezeichnete Darwin als »Das Gehirn der Pflanze« – nicht zu Unrecht. Während die alten verholzten Wurzelteile die Pflanze im Boden verankern, sind die feinen Wurzelspitzen auf der Suche nach Nahrung. Sie schieben sich, geschützt durch eine feste Wurzelhaube, durch das Erdreich, umgehen Hindernisse oder durchdringen sie. Zur Nahrungsaufnahme dienen feinste Haarwurzeln an den Wurzelspitzen, die sich ständig erneuern, während die Wurzelspitzen weiterwachsen. Es gibt Pflanzen, die sehr lange brauchen, um sich zu erholen, wenn ihre Wurzelspitzen – beim Umtopfen etwa – beschädigt werden. Bei anderen dagegen regt das Einkürzen von Feinwurzeln neues Wurzelwachstum geradezu an. Eine Pflanze, die viele der feinen Wurzelspitzen verloren hat, muß auf jeden Fall erst wieder neue Wurzeln bilden, bevor sie oberirdisch weiterwachsen kann.

Die Blätter
Ebenso wichtig wie die Wurzeln sind die Blätter für die Nahrungsaufnahme der Pflanze. Mit Hilfe von Chlorophyll – dem grünen Farbstoff der Blätter – verwandeln sie Sonnenlicht und das Wasser aus den Wurzeln in Energie, ohne die die Pflanze nicht leben, nicht wachsen, blühen und Früchte tragen kann.

Photosynthese und Assimilation
Dabei funktionieren die Blätter wie eine chemische Fabrik: Das Chlorophyll ist das Chemielabor, die Sonne der Energielieferant. In den Blättern wird das Wasser, das von den Wurzeln in die Pflanze befördert wird, in Wasserstoff (H) und Sauerstoff (0) zerlegt, das Kohlendioxyd (CO_2), das die Blät-

ter aus der Luft sammeln, in Kohlenstoff (C) und Sauerstoff. Der nicht benötigte Sauerstoff wird an die Luft abgegeben. Weil dieser Vorgang pausenlos millionenfach stattfindet, haben wir Menschen Luft zum Atmen. Aus Wasserstoff und Kohlenstoff entsteht Zucker. Diesen Prozeß nennt man Photosynthese. Bestimmte Fermente verwandeln diesen Zucker in Nahrung und Energie, beides braucht die Pflanze zum Wachsen. Teile davon lagert sie in den Wurzeln als Nahrungsdepot für das nächste Frühjahr ein. Diesen Vorgang nennt man Assimilation.

Der Lebensraum
Die beschriebenen Lebensvorgänge für unsere Kübelpflanzen in die Praxis übersetzt, bedeuten: Je besser sie über die Wurzeln ernährt werden und je mehr Sonnenlicht sie bekommen, desto besser gedeihen sie. Aber: Den Kübelpflanzen fehlt der natürliche Lebensraum, sie müssen sich mit dem begnügen, was wir ihnen bieten. Sie können sich nicht selbst ernähren wie eine Pflanze in der freien Natur. Ein Beispiel: Die Wurzelspitzen eines Baums enden dort, wo auch die Krone ihre Begrenzung hat. Bei Regen läuft ein Großteil des Wassers von der Krone über die Kronentraufe, also über den Rand der Krone ab – genau dorthin, wo die Wurzeln darauf warten, es aufzunehmen und zusammen mit den Nährstoffen, die durch das Wasser im Boden gelöst werden, den Baum zu ernähren. Anders bei den Kübelpflanzen. Ihre Wurzelausbreitung ist durch den Kübel beschränkt, das Wasser läuft über die Blätter ins Leere, die natürliche Selbstversorgung funktioniert nicht.

Bleiwurz (Plumbago).
Zu den filigranen hellblauen Blütendolden paßt eine üppige, farbenprächtige Unterpflanzung.

Ohne Wasser und Licht geht nichts
Deshalb müssen wir dafür sorgen, daß die Pflanzen genügend Nahrung und Wasser bekommen. Wo dies fehlt, wird die Produktion von Zucker und damit von Energie eingestellt, und Produktionsstillstand bedeutet das Ende der Pflanze. Dasselbe passiert, wenn das Sonnenlicht fehlt: Die Pflanze kümmert, und vor allem – sie blüht nicht. Denn Blüte und Frucht bedeuten für eine Pflanze Höchstleistung.

Wasserversorgung.
Bei Pflanzen, die in der Erde wachsen (links), läuft ein Großteil des Regenwassers über den Rand der Krone ab und versorgt so die Feinwurzeln mit Wasser. Bei einer Pflanze im Kübel (rechts) läuft das Regenwasser ins Leere, das Blätterdach hält das Substrat trocken; deshalb auch bei Regen gießen.

Substrate

Alles Leben der Erde hängt vom Boden ab. Ohne diese fruchtbare Schicht gäbe es keine Wiesen, Felder, keine Bäume und Pflanzen. Durch zahlreiche Lebewesen und durch komplizierte chemische Vorgänge ist der Boden locker und luftdurchlässig und kann den Pflanzen »Nährboden« und Lebensraum sein. Deshalb sollte man gerade den Kübelpflanzen, die sich mit dem geringen Volumen ihrer Gefäße abfinden müssen, besonders hochwertige und auf ihre Bedürfnisse abgestimmte Erde bieten.

Ausreichend Nahrung für viele Jahre
Wenn Kübelpflanzen »erwachsen«, also aus dem Jugendstadium heraus sind, bekommt es den meisten nicht mehr, wenn sie zu oft umgetopft werden. Das heißt: Die Erde, in die man sie pflanzt, wenn sie ausgewachsen sind, muß über Jahre die Nahrungsansprüche der Pflanze erfüllen. Sie darf nicht schon nach einem Jahr undurchlässig und – bedingt durch Mineraldünger (→ Seite 28) – salzig werden. Leider geschieht das nur allzuoft: Die Pflanze wird in irgendein – möglicherweise minderwertiges – Substrat gepflanzt, wo sie dann jahrelang bleibt. Die wenigen Nährstoffe sind bereits nach dem ersten Sommer aufgebraucht; die Erde ist durch fleißiges Gießen zusammengefallen, hat sich verdichtet; sie wird luftundurchlässig. Das Wasser fließt nicht mehr ab, Dünger kann nicht mehr an die Wurzeln gelangen, und ebensowenig kommt Sauerstoff in dieses zusammengebackene Substrat. Die Pflanze geht ein. Schenken Sie also der Erde, in die Sie Ihre Kübelpflanzen setzen, besondere Aufmerksamkeit. Ein wenig Mühe bei der Mischung eines besonderen Substrats – und Sie haben jahrelang Freude an der Pflanze.
Junge Pflanzen kann man ohne weiteres in Einheitserde (→ Seite 27) oder TKS 2 (→ Grünteil, Seite 70) setzen. Sie enthält alles, was die Pflanze braucht. Und bevor die Pflanze »erwachsen« ist, wird sie ja noch ein- oder mehrmals umgetopft.

Auf die richtige Mischung kommt es an
Natürlich gibt es Kübelpflanzen, die mit vorratsgedüngter Einheitserde vollkommen zufrieden sind. Dazu gehören Schmucklilien, Fuchsien und Wandelröschen. Die meisten aber sind anspruchsvoller. Sie gedeihen besser in einer Mischung aus je einem Drittel Kompost, Gartenerde und Torf, dazu pro 5 Liter Kübel-

inhalt eine Handvoll Sand. Diese Mischung können Sie je nach dem Bedarf der Pflanze leicht verändern. Ist eine Pflanze empfindlich gegen Nässe, mischen Sie mehr Sand dazu, er macht das Substrat durchlässiger. Ausgesprochene »Düngerfresser«, wie Datura, Hammerstrauch und Oleander, bekommen zur Hälfte Kompost und entsprechend weniger Gartenerde und Torf. Pflanzen, die gerne in leicht saurem Boden stehen, wie Hortensien und Citrus, gibt man anstelle des normalen Gartenkompostes Laubkompost mit Tannennadelstreu (→ Grünteil, Seite 64). In das Substrat von kalkliebenden Pflanzen, beispielsweise der Oliven, mischt man eine kräftige Gabe Kalk: in einen Kübel mit 50 Liter Inhalt bis zu 100 Gramm.

Zutaten für Erdmischungen

Kompost ist äußerst nahrhaft. Die noch nicht verrotteten groben Bestandteile darin lockern die Erde und binden das Gießwasser. Wo viel Kompost in das Substrat gemischt wird, braucht man weniger zu düngen. Für saure Böden setzt man einen Kompost aus Laub und Tannennadeln auf. Mit der Tatsache, daß Komposterde Unkrautsamen enthält, muß man leben (→ Grünteil, Seite 70).

Gartenerde ist nicht überall gleich. Je nach Zusammensetzung der Erde in Ihrem Garten müssen Sie den Rest der Mischung bestimmen: Haben Sie einen leichten, sandigen Boden, erübrigt sich die Zugabe von Sand; bei lehmhaltigen Böden ist er sehr wichtig. Gartenerde entnimmt man von gut lockeren und humosen Beeten, nicht etwa aus einem Gartenstück, das brach liegt und lange nicht bearbeitet wurde.

Clematis-Hybride »Niobe«.
Eine Clematis (Waldrebe) braucht einen sehr großen Kübel und muß an heißen Tagen täglich gegossen werden.

Mein Tip: Erde von Maulwurfshügeln ist immer sehr locker und meist völlig ohne Unkrautsamen, aber nicht sehr nährstoffreich.

Lehm wird dem Pflanzensubstrat beigemischt, um leichte, duchlässige Erde bindiger zu machen. Er hält Wasser und Nährstoff im Boden fest.
Sand bewirkt gerade das Gegenteil. Er macht schwere Böden leichter und ist bei allen Pflanzen unentbehrlich, die keine nassen Füße vertragen. Sand kann durch Bimskies oder Lavagrus (im Fachhandel erhältlich) ersetzt werden. Käufliche Substrate enthalten Schaumstoffkügelchen.
Torf enthält keinerlei Nährstoffe. Man mischt ihn zu den Erden, um die Feuchtigkeit zu binden und den Boden lockerer zu machen. Torf ist ein guter Wasserspeicher, das ist aber auch schon alles.
Torfkultursubstrate (TKS) sind fertige Mischungen aus Lehmerde und Torf, die bereits mit verschiedenen Düngern aufbereitet sind. TKS 1 enthält wenig Dünger, eignet sich deshalb gut zur Anzucht und für Stecklinge. TKS 2 ist normal gedüngt, reicht aber für die meisten Kübelpflanzen nicht aus. Dieses Substrat ist locker, aber sehr leicht. Große Pflanzen haben darin zuwenig Stand und kippen um.
Einheitserde besteht aus Torf und Lehmerde mit Zusätzen von Schaumstoffkügelchen oder anderen lockernden Materialien. Für diese Erde gilt dasselbe wie für Torfkultursubstrate.

Wenn kein Kompost zur Verfügung steht

Nicht überall kann man einen Kompost anlegen, schon gar nicht, wenn man nur einen Balkon oder einen Dachgarten mitten in der Stadt zur Verfügung hat. Da Kompost aber der beste Langzeitdünger für Kübelpflanzen ist, sollte man zumindest versuchen, sich diese »nahrhafte Zutat« zu besorgen. Dabei bieten sich folgende Möglichkeiten an:

- Der Gärtner, bei dem Sie die Kübelpflanze kaufen, verkauft Ihnen aus seinem Vorrat die notwendige Menge Kompost (der nicht riecht!).
- Kompost gibt es auch als Fertigprodukt in Säcken (im Gartencenter, Biohandel, bei landwirtschaftlichen Genossenschaften).
- Viele Stadt- und Gemeindeverwaltungen betreiben Abfallkompostierung und geben fertigen Kompost auch in geringen Mengen an Balkon- und Kleingärtner ab.

Eine andere Möglichkeit: Sie machen sich selbst einen »Ersatzkompost« aus folgenden Zutaten:

- 3 Liter ungedüngter Torf,
- 1 Liter Sand,
- 100 Gramm feine Hornspäne oder Hornmehl,
- 35 Gramm Superphosphat,
- 25 Gramm Patentkali,
- 15 Gramm Algenkalk. (Bei Pflanzen, die keinen Kalk vertragen, läßt man ihn weg; kalkliebende Pflanzen bekommen die doppelte Menge.)

So wird's gemacht: Sand und Torf in einem Eimer anfeuchten, dann die übrigen Zutaten gründlich untermengen. Dieser Mischung wird normale Blumen- oder Einheitserde beigegeben; sie entspricht in ihrem Nährstoffgehalt in etwa dem Kompost.

Wässern

Wasser ist für alle Pflanzen lebenswichtig. Auch und gerade für Kübelpflanzen, die in dieser Beziehung sehr anspruchsvoll sind, weil sie sich ja nicht selbst über ihre Blätter mit dem abtropfenden Regenwasser versorgen können (→ Zeichnung Seite 25). Durch das dichte Blätterdach der Pflanze dringt ein normaler kräftiger Sommerregen nicht hindurch, und man wundert sich, warum die Pflanze trotz eines Regengusses die Blätter hängen läßt. Prüfen Sie nach einem Gewitterregen einmal die Erde im Kübel. Sie werden erstaunt sein, wie trocken sie noch ist.

Wann und wie oft?

Kübelpflanzen sind also voll darauf angewiesen, daß wir sie mit Wasser versorgen. An wirklich heißen Sommertagen gießt man am besten zweimal: einmal am Morgen, einmal am Abend. Dabei heißt es aber aufpassen, vor allem, wenn die Pflanzen in Plastikkübeln stehen; in ihnen verdunstet Wasser nicht so schnell wie in Tontöpfen, man tut des Guten schnell zuviel. Es gehen nämlich wesentlich mehr Pflanzen an zuviel als an zuwenig Wasser zugrunde. Dringenden Bedarf nach Wasser zeigen die Pflanzen überdeutlich an: Sie lassen die Blätter hängen oder rollen sie gar zusammen, wie zum Beispiel der Bambus. Durch das Einrollen oder Hängenlassen verringert sich die Fläche der Blätter, die der Sonne zugewandt ist, die Verdunstung wird herabgesetzt. In diesem Stadium muß natürlich sofort und durchdringend gegossen werden.

Vor dem Gießen die Erde prüfen

Läßt eine Pflanze aber die Blätter hängen, und der Wurzelballen ist feucht, hat man sie ertränkt. Jede Hilfe kommt zu spät. Es macht nur wenig Mühe, vor dem Gießen festzustellen, wie stark die Pflanze gegossen werden muß. Man prüft die Erde im Kübel mit einem Fingerdruck. Ist sie trocken, muß man kräftig gießen; ist sie feucht, nur wenig; ist sie noch naß, läßt man es für diesen Tag lieber sein. Je kühler der Tag und je höher die Luftfeuchtigkeit, desto weniger Wasser brauchen die Pflanzen.
Große Untersetzer unter den Kübeln können eine Hilfe sein, daß man nicht zweimal täglich gießen muß – eine Garantie für genügend Feuchtigkeit im Substrat sind sie aber nicht.

Staunässe im Übertopf

Gefährlich sind Übertöpfe ohne Ablauf. Darin sammelt sich – beim Gießen und nach Regengüssen – eine Menge Wasser, und das schadet den

Die Blüten der Tibouchina sitzen an den Triebspitzen.

Pflanzen. Stehen Ihre Pflanzen in einem solchen Übertopf, müssen Sie etwa eine Stunde nach dem Gießen kontrollieren, ob sich nicht zuviel Wasser darin angesammelt hat. Wenn ja, kippen Sie es weg. Bei großen Pflanzen ist das eine Arbeit für zwei kräftige Männer. Übertöpfe müssen deshalb einen Ablauf haben.

Mit Regenwasser gießen?
Tun Sie das, wenn sie die Möglichkeit haben – egal, welch schlechten Ruf der Regen hat. Er ist immer noch besser als das meist zu kalkhaltige und zu kalte Leitungswasser. Stehen Ihre Pflanzen auf einem Balkon, und Sie können kein Regenwasser sammeln, ein Tip: Legen Sie in eine Tonne mit Leitungswasser einen prall mit Torf gefüllten Mullsack oder einen mit Torf gefüllten Strumpf. Der Torf bindet den Kalk, das Leitungswasser wird weich. Mit einem solchen Torfsack läßt sich auch das Regenwasser verbessern: Er bindet die Schwermetalle. Der Torf muß alle paar Wochen ausgetauscht werden.

Urlaub vom Gießen?
Ein längerer Urlaub ist für Besitzer von Kübelpflanzen ein Problem. Es gibt zwar automatische Bewässerungssysteme, und diese funktionieren auch, aber: Man muß diese Systeme bereits im Frühjahr installieren, weil es immer eine gute Weile dauert, bis man die Wasserverteilung richtig im Griff hat. Besser, Sie bitten einen netten Nachbarn, sich während des Urlaubs um Ihre Pflanzen zu kümmen, sie zu gießen und zu düngen. Bringen Sie ihm dafür eine schöne Pflanze aus dem Urlaub mit.
Kurzurlaub und Wochenendreisen hingegen kann man durch Gefäße mit Wasserreservoir überbrücken (→ Zeichnung Seite 18).

Düngen

Im Unterschied zum Gartenboden können in der Erde eines Pflanzkübels, und sei er noch so groß, nur wenige natürliche Bodenorganismen leben, die aus Pflanzenabfällen immer neue Nährstoffe erzeugen. Die fehlenden Nährstoffe müssen also ersetzt werden. Das geschieht durch den Einsatz von Dünger. Düngemittel gibt es in getrockneter und flüssiger Form. Flüssigdünger müssen nicht erst im Wasser gelöst werden und sind deshalb schnell für die Pflanze verfügbar.
Zu unterscheiden sind:
Organische Dünger (→ Seite 29), die aus pflanzlichen oder tierischen Produkten hergestellt sind, wie Guano (→Seite30), Hornspäne (→Seite30), Wurmkompost (→ Grünteil, Seite72), Pflanzenjauche (→ Grünteil, Seite66) und ähnliches.
Mineralische (anorganische) Dünger, die aus Stickstoff und technisch umgesetzten mineralischen Elementen bestehen.
Organisch-mineralische Dünger, bei denen organischen Produkten ein fehlendes Element, meist Kalium, beigegeben ist.
Die Häufigkeit der Düngergaben in der Hauptwachstumszeit richtet sich nach der jeweiligen Pflanzenart und wird in den Pflegeanleitungen (→ Seite 74 bis Seite 105) für jede Pflanze gesondert beschrieben. Sobald die Pflanzen jedoch etwa Mitte August ihr Wachstum abgeschlossen haben, sollte man die Düngung einstellen, um das Ausreifen nicht zu verzögern. Schlecht ausgereifte Pflanzen kommen nicht gut durch den Winter.

Mineraldünger
Mineralische Dünger sind leicht wasserlösliche anorganische Dünger und werden von den Pflanzen direkt aufgenommen. Man kann diese Volldünger fertig gemischt in flüssiger Form

oder gekörnt kaufen. Flüssigdünger wird nach Vorschrift verdünnt an die Pflanzen gegeben, gekörnten Dünger streut man bei besonders düngerhungrigen Pflanzen auf die Oberfläche des Substrats und gießt nach. Gekörnte Mineraldünger sind meist an Salze gebunden – deshalb besteht bei ihrer Verwendung Versalzungs- und Verbrennungsgefahr. Achten Sie beim Kauf darauf, salzarme oder salzfreie Volldünger zu wählen.

Nährstoffzusammensetzung bei Mineraldüngern

Für die Düngung von Kübelpflanzen kommen von den mineralischen Düngern ausschließlich Volldünger in Frage. Gleich in welcher Form, enthalten diese Volldünger die Hauptnährstoffe Stickstoff (N), Phosphor (P), Kalium (K) und verschiedene Spurenelemente. Die Nährstoffzusammensetzung ist aber nicht bei allen Düngern gleich. Das Verhältnis dieser Zusammensetzung wird in Zahlen angegeben, und zwar in dieser Reihenfolge: N+P+K. Es sollte stets auf der Verpackung angegeben sein, damit Sie wissen, welchen Dünger Sie zur richtigen Zeit und für die entsprechenden Pflanzen einsetzen müssen. Heißt es zum Beispiel auf der Packung »6+4+5«, so enthält diese Mischung 6 Teile Stickstoff, 4 Teile Phosphor und 5 Teile Kalium.

- Stickstoff ist wichtig für das Längenwachstum und für die Entwicklung der Blätter. Stickstoffmangel führt zu schlechtem Wuchs und zu blaßgrünen bis gelben Blättern. Zuviel Stickstoff macht die Blätter und Triebe anfällig gegen Krankheiten.
- Phosphor fördert die Wurzel-, Blüten- und Fruchtbildung.
- Kalium verstärkt die Widerstandsfähigkeit gegen Krankheiten.

Beim Umtopfen oder Neu-Eintopfen kann man das Substrat aber auch mit einem Mineral-Volldünger mit Langzeitwirkung versorgen.

Organische Dünger

Organische Dünger, die man auch als biologische Dünger bezeichnet, werden aus natürlichen Materialien wie Tierdung, Horn und Hufe, Knochen und Blut, aber auch aus Pflanzenauszügen hergestellt. Manchen Produkten sind bodenbelebende Bakterien beigemischt. Obwohl auch die organischen Dünger Stickstoff (N), Phosphor (P) und Kalium (K) enthalten, sind es keine »Voll«-dünger. Kalium ist in ihnen nämlich nur in organischer Form enthalten und immer nur in geringen Mengen. Wenn Sie Ihre Pflanzen ausschießlich mit organischem Dünger versorgen möchten und keinen Kompost oder ähnliche Bodenverbesserer zur Verfügung haben, sollten Sie den organischen Düngern geringe Mengen Kalimagnesia beimischen.

Im Gegensatz zu den Mineraldüngern stehen die Nährstoffe der organischen Dünger den Pflanzen nicht sofort zur Verfügung. Sie müssen in der Erde erst von Mikroorganismen aufbereitet werden; das bedeutet, daß es relativ lange dauert, bis die Wirksamkeit der Nährstoffe einsetzt.

Ein stimmungsvolles Plätzchen mit Hibiskus, Ziertabak und Kletterrose.

Dafür stehen diese Nährstoffe, die ja wie ein Depot im Boden sind und nur langsam abgegeben werden, den Pflanzen über eine sehr viel längere Zeit zur Verfügung. Organischer Dünger ist also immer Vorratsdünger. Man gibt ihn im Frühjahr vor dem Beginn der Wachstumsphase in das Substrat, kann aber bei Bedarf auch während des Sommers nachdüngen. Eine Überdüngung mit organischen Düngemitteln ist so gut wie ausgeschlossen.
Guano, getrockneter und aufbereiteter Vogelmist, eignet sich ausgezeichnet für Kübelpflanzen. Er ist übrigens der einzige biologische Volldünger. Die ausreichende Menge natürlichen Kaliums ist in dem Vogelmist bereits enthalten. Guano wird als Flüssigdünger und in gekörnter Form angeboten.
Hornspäne, die beim Umtopfen in die Erde eingearbeitet werden, bewähren sich ebenfalls als Langzeitdünger. Sie haben einen hohen Anteil an Stickstoff und Phosphor.
Knochen- und Blutmehl sind ebenfalls sehr stickstoffhaltig; Knochenmehl enthält viel Kalk, deshalb Vorsicht bei Pflanzen, die keinen Kalk vertragen, zum Beispiel Citrusgewächse.
Brennesseljauche oder Comfrey-Brühe (→ Grünteil, Seite 66) hält die Erde gesund und verbessert die Verfügbarkeit des Stickstoffs aus den organischen Düngern. Man kann sie den Kübelpflanzen einmal wöchentlich zusätzlich zu den Langzeitdüngern geben. Diese Jauche riecht allerdings etwas unangenehm, also nicht direkt vor einer Gartenparty gießen.
Wurmkompost (→ Grünteil, Seite 72), im Verhältnis 1 : 10 dem Substrat beigemischt, gibt ihm alles, was die Pflanzen brauchen; er wirkt wie konzentrierter Humus.

Dünger sinnvoll kombinieren
Da die Bedingungen der Erdmischungen im Kübel nicht mit den Verhältnissen in einem biologisch bearbeiteten Garten verglichen werden können, läßt sich die Verwendung von Mineraldünger bei Kübelpflanzen nicht ausschließen. Ein brauchbarer Kompromiß wäre, beide Düngerarten sinnvoll zu kombinieren – also nur die Hälfte Mineraldünger, dafür aber auch organische Düngemittel einzusetzen. So bleibt der Boden in den Kübeln gesund und »lebendig«.

Düngen: Wie oft? Wie lange?
Gemessen an Gartenpflanzen, brauchen Kübelpflanzen zwar sehr viel Dünger, dennoch muß man aufpassen, nicht zuviel des Guten zu tun. Zu hohe Gaben von mineralischen Volldüngern versalzen die Böden und verbrennen die Wurzeln. Befolgt man aber einige einfache Regeln, kann man eigentlich nichts falsch machen:

- Pflanzen, die beim Umtopfen mit einem Langzeitdünger (gleichgültig ob mineralisch oder organisch) versehen werden, dürfen frühestens nach 6, besser aber erst nach 8 Wochen erneut gedüngt werden.
- Pflanzen aus Gartenbaubetrieben sind immer versorgt, sie müssen erst nach 2 Monaten wieder gedüngt werden. Ausnahme: Sehr düngerhungrige Pflanzen brauchen bereits nach 4 Wochen eine erneute Düngergabe.
- Pflanzen, die aus dem Winterquartier kommen, darf man erst düngen, wenn sich die ersten Triebe zeigen.
- Stecklinge soll man erst dann düngen, wenn sie kräftig bewurzelt sind und die ersten neuen Triebe schieben.
- Normale Düngerverbraucher werden während der Wachstums- und Blütezeit alle 3 bis 4 Wochen gedüngt. Sogenannte »Düngerfresser«, wie Datura und Hammerstrauch, brauchen einmal in der Woche etwas Dünger. Ist auf der Verpackung keine Dosierung angegeben, gibt man 2 Gramm Volldünger pro Liter Kübelinhalt; wenn mit organischen Düngern kombiniert wird, die Hälfte. Myrten, Rosmarin und Tibouchina werden nur schwach gedüngt.
- Ende August wird das Düngen eingestellt. Nun sollen die Pflanzen nicht

Pflanzen in Pyramidenform bringen. Immergrüne Pflanzen (links) werden nach Erreichen der gewünschten Höhe in Pyramidenform geschnitten. Pyramiden aus blühenden Pflanzen (rechts) bekommen einen pyramidenförmigen Unterbau, der nach dem Heranwachsen der Pflanze nicht mehr zu sehen ist.

Erziehungsschnitt und Entspitzen.

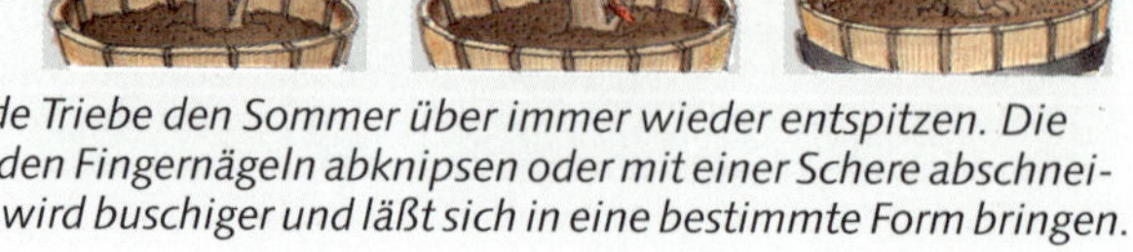

Herauswachsende Triebe den Sommer über immer wieder entspitzen. Die Triebspitzen mit den Fingernägeln abknipsen oder mit einer Schere abschneiden. Die Pflanze wird buschiger und läßt sich in eine bestimmte Form bringen.

mehr weiterwachsen, sondern ausreifen und sich auf die Winterruhe vorbereiten. Nur Pflanzen, die man in den Wintergarten stellt oder die im Zimmer weiterblühen, bekommen noch Dünger.

Ausputzen und Schneiden

Jede blühende Pflanze bildet auch Früchte, sie ist ja bestrebt, sich fortzupflanzen. Die Fruchtbildung konzentriert aber fast alle Kräfte der Pflanze auf sich, das Wachstum der anderen Teile wird stark eingeschränkt, wenn nicht gar eingestellt. Das bedeutet: Eine Pflanze, die Früchte ausbildet, blüht nicht mehr weiter und treibt keine neuen Zweige und Bätter mehr aus.

Ausputzen

Bei Kübelpflanzen will man – mit wenigen Ausnahmen – keine Früchte (die meisten werden in unserem Klima ohnehin nicht reif), sondern kräftige Pflanzen mit vielen Blüten. Deshalb müssen die blühenden Pflanzen den ganzen Sommer über ausgeputzt, also alles Verblühte entfernt werden. Das Ausputzen macht Arbeit. Zwar nur einige Minuten täglich, doch während der Hauptblütezeit muß es eben täglich sein, sonst bilden sich Fruchtansätze. Bei dieser Gelegenheit entfernt man auch alle welken Blätter sowie Neutriebe, die dort wachsen, wo sie nicht sein sollten: zum Beispiel am Stamm oder an der Stammbasis von Kronenbäumchen.

Erziehungsschnitt und Entspitzen

Mit dieser Methode kann man das Wachstum der Kübelpflanzen entsprechend der eigenen Vorstellung korrigieren. Die natürliche Form der Pflanzen läßt sich verbessern, indem man den ganzen Sommer über die Triebe entspitzt. Auch bei älteren Kübelpflanzen, die zu verkahlen drohen, ist es sinnvoll, wenn einige Triebe rechtzeitig abgeschnitten werden. Sie verzweigen sich dann unterhalb der Schnittstelle wieder reichlich. Das Zurückschneiden und Entspitzen der Pflanzen während des Sommers hat leider zur Folge, daß sich die Blüte bei allen Pflanzen, die nur an den Trieben-den blühen, zum Teil erheblich verzögert, manchmal sogar ausbleibt. Spätestens im nächsten Jahr aber ist sie dann, entsprechend der höheren Triebzahl, wesentlich reicher.

Formschnitt

Während der Erziehungsschnitt nur die natürliche Form der Pflanze korrigiert, erhalten Kübelpflanzen durch den Formschnitt ein unnatürliches, gleichwohl aber sehr attraktives Aussehen. Pyramiden und Kronenbäumchen (→ Grünteil, Seite 65 und Seite 67) sind die eindeutigen »Bestseller«. Verlieren Sie dabei bitte nicht die Geduld, es dauert bis zu 5 Jahre, eine dichte Pyramide oder ein wirklich attraktives Kronenbäumchen zu ziehen, bei manchen Pflanzen sogar länger.
Selbstverständlich kann man Kronenbäumchen auch bereits in Form gezogen kaufen, sie sind aber sehr teuer. Außerdem haben viele Pflanzenfreunde mehr Spaß an einer Pflanze, die sie selbst gepflegt und »in Form gebracht« haben.

Pyramiden aus blühenden Pflanzen

Geeignet sind alle Kletterer und Hänger: Bleiwurz, Bougainvillea, Jasmin, aber auch Pelargonien und sogar Gurken und Tomaten. Da sie weiche Stengel haben, werden die Pflanzen in ein Gerüst gepflanzt, das aus zeltförmig zusammengesteckten Bambusstangen oder Holzstäben besteht, die mit einem Metallring verbunden sind (→ Zeichnung rechts). Oder man setzt sie in eine Spindel aus feuerverzinktem oder kunststoffummanteltem Metall, die sich nach oben verjüngt. Wenn die Triebe sich nicht von alleine festhalten, werden sie mit weichem Bast angebunden. Triebe, die aus der Form der Pyramide herauswachsen, entspitzt man, das fördert die dichte Verzweigung.

Pyramiden aus Immergrünen

Im Gegensatz zur »blühenden Pyramide« wird die Pyramide aus Immergrünen geschnitten. In erster Linie eignen sich hierfür Lorbeer und Buchs. Durch Entspitzen in den ersten Jahren erzielt man eine dichte Verzweigung und reiche Belaubung. Erst wenn die Pflanze die gewünschte Höhe erreicht hat, wird sie in Pyramidenform geschnitten. Gartenbaubetriebe gehen dabei mit der Hekkenschere ans Werk. Wenn Sie selbst Ihre Pflanze zur Pyramide formen, gehen Sie behutsam vor und verwenden Sie eine Rosenschere oder eine feste Nagelschere.

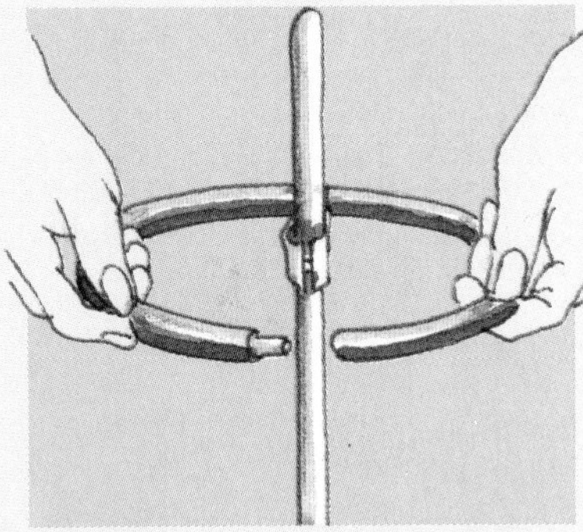

Haltering.
Die Krone schwach verholzender Pflanzen mit einem stabilen Haltering, der auf den Anbindestab aufgesteckt wird, stützen.

Mit Hilfe einer Schablone erhält man eine gleichmäßige Form (→ Grünteil, Zeichnung Seite 68). An der Schablone entlang werden alle überstehenden Triebe abgeschnitten. Schon nach kurzer Zeit wird sich die Pflanze an den Schnittstellen wieder kräftig verzweigen und dadurch die Idealform bekommen. Pyramiden bei Immergrünen schneidet man am besten im Herbst vor dem Einräumen. Im Frühjahr, wenn sie austreiben, müssen sie ständig beobachtet und entspitzt werden, damit sie durch herauswachsende Triebe nicht aus der Form geraten.

Hochstämmchen in verschiedenen Entwicklungsstadien.
Kräftigen Steckling verwenden, alle Seitentriebe ständig abschneiden, nach Erreichen der gewünschten Höhe die Spitze abschneiden, dann alle Seitentriebe immer wieder einkürzen, bis sich eine dichte Krone bildet; den Stamm anbinden, damit er gerade wächst.

Kronenbäumchen

Sie sind zu allen Zeiten die Lieblinge der Kübelgärtner gewesen – und sind es noch heute. Man kann fast alle Kübelpflanzen zu Kronenbäumchen formen: Strauchmargerite und Datura, Lorbeer, Myrte, Klebsame, Schönmalve und viele andere mehr. Die Erziehung zum Kronenbäumchen beginnt bereits, wenn sich ein Steckling bewurzelt hat. Man läßt bei einer jungen Pflanze nur den kräftigsten Trieb stehen und kneift alle Neben- und Seitentriebe regelmäßig ab. So wächst – über Jahre – ein Stämmchen heran.

Damit der Stamm gerade wächst, muß er an einen kräftigen Stab angebunden werden. Am besten mit einer sehr weichen Schnur oder einem Nylonstrumpf: Dieses Material schnürt das Stämmchen nicht ab, ist elastisch und dennoch fest.

Formen der Krone: Hat der Stamm die gewünschte Höhe erreicht, wird die Spitze abgeschnitten. Unter der Schnittstelle bilden sich nun rasch Seitentriebe, die Grundlage für die Krone. Die vorhandenen Seitentriebe wachsen zügig weiter. Wenn sie etwa 15 bis 20 cm lang sind, müssen alle Seitentriebe ständig entspitzt werden. So bilden sich ständig neue Verzweigungen, die immer wieder entspitzt werden. Das praktiziert man so lange, bis sich eine dichte Krone gebildet hat. Bei blühenden Pflanzen geht das ein bis zwei Jahre leider auf Kosten der Blüte – dann aber blüht die Krone um so üppiger.

Stützen der Krone: Bei Pflanzen mit starkem Stamm (Lorbeer, Lagerstroemia, Buchs) kann nach Ausbildung der Krone der Haltestab entfernt werden. Bei Pflanzen mit dünnen, schwach verholzenden Trieben (Fuchsie, Strauchmargerite, Schönmalve) empfiehlt es sich, eine Stütze mit Haltering für die Krone anzubringen. (Es gibt sie in verschiedenen Größen zu kaufen.) Der Ring wird von der Krone verdeckt, stört optisch also überhaupt nicht, schützt aber die Zweige vor dem Abbrechen.

Kronenbäumchen zurückschneiden: Vor dem Einräumen ins Winterquartier müssen die Triebe von Kronenbäumchen zurückgeschnitten werden, damit sie nicht verkahlen. Immergrüne werden nur in Form geschnitten, Hibiskus, Fuchsien, Schönmalven, Hammerstrauch um ein Drittel eingekürzt, Datura und Lagerstroemia auf Stummel geschnitten. Auch alle Triebe, die unten am Stamm aus der Wurzel kommen oder die sich am Stamm selbst bilden, müssen sofort entfernt werden. Es sei denn, Sie möchten dem Kronenbäumchen unten ein »Röckchen« lassen, das ganz originell aussehen kann.

Kübelpflanzen richtig überwintern

Bevor der Winter kommt, müssen die Kübelpflanzen ins Winterquartier. Vor den ersten Frösten eingeräumt werden müssen nur die Pflanzen, die in den Tropen beheimatet sind. Die meisten anderen Kübelpflanzen vertragen durchaus Temperaturen von einigen Graden unter Null, ja, es bekommt ihnen sogar, weil der Frost die Winterruhe einleitet. Damit die Kübelpflanzen gut über den Winter kommen, brauchen sie nicht nur ein geeignetes Winterquartier, sondern auch ein wenig Pflege.

Winterharte Kübelpflanzen?

Es gibt sie nicht! Winterharte Pflanzen, die im Freien ausgepflanzt selbst tiefste Temperaturen unbeschadet überstehen (eine Anzahl von Bambusarten, Buchs und Aukuben gehören dazu), gehen in einem Kübel zugrunde, wenn sie im Winter draußen bleiben. Aus einem einfachen Grund: Während der Frostperioden im Winter friert der gesamte Kübelinhalt durch, wird zu einem Eisblock, der nur sehr, sehr langsam auftaut, denn der Frost greift den Kübel von allen Seiten an. Ein Gartenboden wird selten so tief gefrieren. Kommen nun einige sonnige Wintertage, verdunsten die Pflanzen über die Blätter Feuchtigkeit, die ihnen aber aus den Wurzeln nicht nachgeliefert werden kann, weil diese ja im Eisblock eingefroren sind. Also muß die Pflanze verdursten, zumal der Frost den Wurzeln zusätzlich Wasser entzieht.
Die Überwinterung im Freien wird für bestimmte Kübelpflanzen immer wieder empfohlen – mit entsprechendem Winterschutz natürlich. Diese Schutzmaßnahmen sind jedoch so aufwendig und der Erfolg ist so fraglich, daß man für »normale« Kübelpflanzen davon abraten muß. Ausnahmen: Strauchrosen, Koniferen und Kletterpflanzen, die im Kübel stehen (→ »Winterschutz im Freien«, Seite 38).

Wann wird eingeräumt?

Vor den ersten Herbstfrösten, das kann in manchen Jahren bereits Mitte Oktober sein, werden die sehr frostempfindlichen Pflanzen ins Winterquartier gebracht. Sind Fröste bis −5 °C angesagt, müssen fast alle anderen Pflanzen auch ins Haus. Einige wenige können bis −10 °C draußen bleiben, jedoch nur, wenn eine solche Frostperiode nicht zu lange dauert. Stehen diese Pflanzen auf dem Balkon oder auf der Terrasse und möglicherweise noch auf Rollen, nimmt man sie bei starkem Frost ins Haus – aber bitte nicht in ein beheiztes Zimmer – und bringt sie wieder ins Freie, sobald die Temperaturen steigen.

Vor dem ersten Frost müssen ins Winterquartier
Bougainvillea *(Bougainvillea glabra)*
Datura (Engelstrompete)
Hammerstrauch *(Cestrum)*
Hibiskus *(Hibiscus rosa-sinensis)*
Myrte *(Myrtus communis)*
Orangenbaum *(Citrus sinensis)*
Tibouchina
Zierbanane *(Ensete)*
Zitronenbaum *(Citrus limon)*

Bis −5 Grad Celsius vertragen
Bleiwurz *(Plumbago)*
Dattelpalme *(Phoenix canariensis)*
Fuchsie *(Fuchsia)*
Hortensie *(Hydrangea macrophylla)*
Indisches Blumenrohr *(Canna)*
Kassie *(Cassia)*
Korallenstrauch *(Erythrina)*
Oleander *(Nerium oleander)*
Olivenbaum *(Olea europaea)*
Palmlilie *(Yucca)*
Schmucklilie *(Agapanthus)*
Schönmalve *(Abutilon)*
Strauchmargerite *(Chrysanthemum frutescens)*
Wandelröschen *(Lantanen)*
Washingtonia *(Washingtonia robusta* und *Washingtonia filifera)*

Bis zu −10 Grad Celsius halten kurzfristig aus
Aukube *(Acuba japonica)*
Bambus *(Bambusoideae)*
Buchsbaum *(Buxus)*
Granatapfelbaum *(Punica granatum)*
Hanfpalme *(Trachycarpus fortunei)*
Kreppmyrte *(Lagerstroemia)*
Lorbeer *(Laurus nobilis)*
Rosmarin *(Rosmarinus officinalis)*

Im Freien können bleiben
Clematis (Waldrebe)
Geißblatt *(Lonicera caprifolium)*
Scheinzypresse *(Chamaecyparis)*
Strauchrose *(Rosa)*

Der Rückschnitt im Herbst

Kübelpflanzen können vor dem Einräumen ins Winterquartier zurückgeschnitten werden oder vor dem Ausräumen, also im Frühjahr, ehe sie wieder ins Freie kommen. Der Rückschnitt im Herbst ist vernünftiger – die Pflanzen nehmen dann weniger

Platz in Anspruch. Unumgänglich ist er, wenn die Pflanze zu groß für das Winterquartier geworden ist. Durch den Rückschnitt vermeidet man auch, daß die Pflanzen im Winterquartier noch eine Zeitlang weitertreiben, das kostet sie Kraft, die ihnen im nächsten Frühjahr zum Austreiben fehlt.
Immergrüne Pflanzen bekommen im Herbst ihren Formschnitt, wenn man eine Pyramide oder eine Kugel bilden möchte.
Bei Oleander und Hammerstrauch werden nur einzelne ältere Triebe ganz herausgeschnitten. Das regt die Pflanze zur Neubildung junger, kräftiger Triebe an, die üppig blühen. Ohne diesen Rückschnitt wird die Pflanze zwar größer, verkahlt aber von innen her und blüht schließlich nur noch in zwei Meter Höhe, also über unseren Köpfen.
Laubabwerfende Pflanzen werden etwas zurückgeschnitten, damit sie sich gut verzweigen und weil sie an allen schwach entwickelten Trieben nur wenig oder überhaupt nicht blühen. Alle schwachen Triebe schneidet man knapp über dem Boden ab, bei Kronenbäumchen direkt im Zentrum der Krone. Zu lange Triebe einkürzen.
Bleiwurz, Fuchsien und Wandelröschen müssen im Herbst kräftig zurückgeschnitten werden, damit sie im Frühjahr wieder buschig austreiben und üppig blühen. Die Triebe werden dabei um ein Drittel eingekürzt.
Datura und Lagerstroemia müssen bis in die Äste hinein zurückgeschnitten werden. Hochstämmchen dieser beiden Pflanzen schneidet man wie eine Kopfweide zurück, so daß von den Zweigen am Stamm oben nur noch Stummel stehenbleiben. Sind die Pflanzen strauchig, nimmt man sie bis auf wenige Astansätze zurück und kürzt auch den Stamm auf etwa 40 cm herunter. Sie treiben dann im Frühjahr sehr stark aus. Stellt man die Datura allerdings in den Wintergarten, wird sie erst im Februar zurückgeschnitten.

Der Transport ins Winterquartier

Nach dem Rückschnitt ist es Zeit, die Pflanzen an ihren winterlichen Ruheplatz zu bringen. Bei großen Kübelpflanzen ist das schwere Muskelarbeit, vor allem, wenn sie über einige Treppen transportiert werden müssen. Um das Gewicht wenigstens etwas zu reduzieren, sollten Sie die Pflanzen einige Tage vor dem Transport ins Winterquartier nicht gießen. Zur Beförderung wirklich großer Pflanzen sind auch dann noch drei kräftige Leute notwendig: zwei zum Tragen der Pflanze, der dritte, um die sperrigen Zweige unbeschädigt durch Türen und Durchgänge zu »manövrieren«.

Überwinterungsschnitt.
Daturen vor dem Einwintern bis auf 40 bis 50 cm zurückschneiden, so treiben sie im nächsten Jahr wieder buschig aus. Nach dem Schnitt alle Blätter entfernen.

Transporthilfen
Mit breiten Gurten, wie sie von Möbelpackern verwendet werden, lassen sich schwere Kübelpflanzen leichter tragen. Auch sogenannte Treppenkarren – das sind Sackkarren, die mittels einer speziellen Vorrichtung über Treppen gefahren werden können – sind hilfreich. Manche Baumärkte vermieten diese Treppenkarren; das kostet nicht viel und spart eine Menge Kraft. Wo nur wenige Stufen zu überwinden sind, hilft man sich mit einem stabilen Brett als Rampe, über die die Pflanzen dann mit einer Sackkarre transportiert werden.
Pflanzen, die während der winterlichen Ruhepause kaum oder gar nicht gegossen werden müssen, nimmt man aus dem Kübel und überwintert sie – mit nur der Hälfte der Erde – in einem Plastikkorb. Damit die Erde nicht völlig austrocknet, packt man den Korb wiederum in Plastikfolie. Diese Maßnahme halbiert immerhin das Gewicht.

Das richtige Winterquartier

Auf den ersten Blick erscheint es schwierig, verschiedene Kübelpflanzen mit ihren unterschiedlichen Ansprüchen an Licht und Temperatur richtig zu überwintern. Doch es ist kein unlösbares Problem. Schließlich geht es ja im Winter nicht mehr darum, daß die Pflanzen optimal wachsen und gedeihen, sondern darum, daß sie während der Ruhepause in der kalten Jahreszeit überleben, ohne Schaden zu nehmen.

Was man im Winterquartier beachten sollte

- Wenn das Winterquartier nicht frostfrei ist, erfrieren die Blätter und Triebe, oft sogar die ganzen Pflanzen.
- Ist das Winterquartier zu warm, werden die Pflanzen von Schädlingen, vornehmlich von Schildläusen und Spinnmilben, befallen (→ Seite 45 und 46). Außerdem treiben sie Geiltriebe, die ihnen die Kraft zum Austreiben im Frühjahr nehmen

Kübelpflanzen im Kleingewächshaus
Ein Gewächshaus ist ideal zum Überwintern von Kübelpflanzen; mit einer Heizung wird Frost, durch Lüften zuviel Wärme verhindert.

- Werden die Pflanzen während des Winters zu häufig gegossen, entsteht im Kübel Staunässe, weil die Pflanzen während ihrer Ruhezeit mit den Wurzeln kaum Wasser aufnehmen. Bodenpilze und Wurzelfäule sind die fatalen Folgen.
- Schädlich für die Pflanzen ist es aber auch, wenn sie zu trocken gehalten werden. Vor allem bei den Immergrünen fallen dann auch die jüngeren Blätter ab, die Pflanze bietet im Frühjahr keinen schönen Anblick und bleibt mickrig. (Ausnahmen → Pflanzenbeschreibungen, Seite 74 bis 105).

Wo Kübelpflanzen überwintern können

Den meisten Besitzern der schönen Sommerpflanzen steht nur ein einziger Raum zur Verfügung, der als Winterquartier benutzt werden kann. In diesem Raum kann man tatsächlich fast alle Pflanzen überwintern, vorausgesetzt, man berücksichtigt die speziellen Ansprüche der Pflanzen an die Winterruhe.

- Alle sehr lichtbedürftigen Pflanzen kommen direkt an das Fenster.
- Weniger lichthungrige stehen in der zweiten Reihe, wo sie noch ausreichend Helligkeit bekommen.
- Pflanzen, die man ohne schlechtes Gewissen dunkel überwintern kann – beispielsweise stark zurückgeschnittene Daturen, Lagerstroemien und den Korallenbaum –, kann man sogar in eine dunkle Ecke stellen (→ auch »Sonne und Wärme«, Seite 6).

Ein unbeheizter Wintergarten oder ein verglaster Anbau am Haus ist das ideale Winterquartier für alle lichthungrigen Kübelpflanzen, vorausgesetzt, die Temperaturen hier fallen nicht unter 5 °C und steigen an sonnigen Tagen nicht über 15 °C an. Mit einem »Frostwächter«, einem elektrischen Heizgerät, das auf eine Minimaltemperatur eingestellt werden kann, wirkt man dem Frost entgegen. Durch gezieltes Lüften – unter Umständen sogar durch Schattierung – senkt man zu hohe Temperaturen bei Sonnenschein. Man muß aber darauf achten, daß die Pflanzen beim Lüften keinen Zug bekommen und nicht dem Frost ausgesetzt werden. So paradox das klingt: Eine Pflanze kann in einem zu warmen Wintergarten einen Frostschaden erleiden. Dann nämlich, wenn sie unmittelbar neben einem geöffneten Fensterflügel oder unter einer Lüftungsklappe steht, wo sie direkt von eisiger Außenluft getroffen wird. Dient der Wintergarten jedoch als Wohnraum, der in der kalten Jahreszeit voll beheizt wird, ist es darin zu warm. Die Pflanzen haben dann keine Winterruhe, sondern blühen und treiben weiter. Schönmalve, Hammerstrauch und Bougainvillea zum Beispiel blühen sogar den ganzen Winter hindurch – allerdings nur, wenn man sie schon Mitte September in den Wintergarten gebracht hat. Dort müssen sie normal weitergegossen und gedüngt werden.
Im unbeheizten Wintergarten jedoch können alle Immergrünen mit wenig Wasser und ohne Dünger überwintern. Auch laubabwerfende Kübelpflanzen kann man hier aufstellen – sie sollten dann aber nicht beim Einräumen zurückgeschnitten werden, sondern erst, wenn sie das Laub von alleine abgeworfen haben. Im Wintergarten gibt es deshalb stets Blätter aufzusammeln, es sieht hier immer etwas unordentlich aus. Gegossen wird im Glashaus nur sehr sparsam, vor allem, wenn die Pflanzen in Plastikkübeln stehen.
Kleingewächshäuser im Garten entsprechen als Winterquartier in etwa einem unbeheizten Wintergarten. Weil das kleine Haus meist ungeschützt steht, wird hier jedoch der Frostwächter wesentlich länger in Betrieb sein, und das treibt die Stromrechnung hoch.
Ein leerstehendes Gästezimmer mit einem großen Fenster, besser noch mit zwei Fenstern, bietet sehr gute Bedingungen für ein Pflanzen-Winterquartier. Anstelle der Zentralheizung muß man hier aber einen Frostwächter einsetzen, weil sich die wenigsten Heizkörper auf sehr niedrige Temperaturen einstellen lassen.
Geräumige Keller mit Fenster eignen sich ebenfalls zur Überwinterung von Kübelpflanzen. Der Lichteinfall hochgelegener Kellerfenster reicht für die meisten Pflanzen aus, wenn sie direkt davor stehen. Hat der Keller nur Lichtschächte, darf man hier nur Pflanzen unterbringen, die es einigermaßen dunkel vertragen.
Prüfen Sie aber unbedingt, ob der Keller kühl genug ist! In Neubauten werden Kellerräume durch Heizkessel oder schlecht isolierte Warmwasserleitungen schnell zu hoch geheizt, und dann wird hier die Luft zu trokken. Lüften nützt in solchen Räumen nicht viel.
Trockenspeicher unter dem Dach sind als Überwinterungsraum problematisch: Ist das Dach isoliert, wird es an sonnigen Tagen dort oben sehr warm. Man kann dem, wie beim Glashaus, durch Lüften entgegenwirken – darf aber dann nicht vergessen, nachts die Fenster wieder zu schließen. Ist das Dach nicht isoliert, gibt es schnell Minusgrade. Mit einer Heizung kann man hier nichts ausrichten: Die Wärme steigt hoch und zieht durch die Dachziegel ab.
Ein helles Treppenhaus ist ein gutes Winterquartier für Pflanzen, aber für große Exemplare ist der Platz meistens zu klein. In Mietshäusern sollte man unbedingt die Nachbarn fragen, nicht jeder schätzt es, wenn das Treppenhaus durch Pflanzen verstellt ist.
Massiv gebaute Garagen können ebenfalls zum Überwintern großer Kübelpflanzen dienen, wenn sie ein Fenster haben und man die Pflanzen vor Autoabgasen schützt, die manchen mehr schaden als andere Überwinterungsfehler. Garagen, die in ein Haus hineingebaut sind, werden selten so kalt, daß die Temperaturen unter den Gefrierpunkt sinken. Wenn

△ *Bougainvillea-Hybride mit orangefarbenen Hochblättern.*
▽ *Bougainvillea buttiana bleibt im Wintergarten immergrün.*

es möglich ist, sollten Sie den hellen Teil der Garage durch eine Wand aus Sperrholzplatten oder Brettern vom Autostellplatz abtrennen. Diesen Verschlag können Sie im Notfall sogar etwas heizen.

In Wohnräumen kann man eine ganze Anzahl von Kübelpflanzen überwintern, vorausgesetzt, der Raum ist groß genug, und die Pflanzen sind nicht zu ausladend. Hibiskus blüht im Zimmer fleißig weiter, auch Strauchmargerite und Schönmalve erfreuen noch bis Weihnachten oder sogar länger mit Blüten. Yucca, Aukube und andere Immergrüne nehmen mäßig warme Zimmerluft nicht allzu übel. Problematisch ist die Überwinterung im Wohnzimmer dennoch: Die Pflanzen haben hier keine Gelegenheit zur Winterruhe, die ihnen die Natur eigentlich vorschreibt. Und das schwächt sie. Die Heizungsluft im Zimmer ist immer zu trocken für Pflanzen, also muß gesprüht werden – bei größeren Pflanzen nicht ganz einfach.

Pflanzen, die im beheizten Zimmer überwintern, müssen lange vor dem ersten Frost ins Haus genommen werden, damit sie die Umstellung besser vertragen. Nimmt man diese Pflanzen erst dann ins Zimmer, wenn auch die anderen Kübelpflanzen ins Winterquartier kommen, erleiden sie durch den plötzlichen Wechsel von kaltem, feuchtem Herbstwetter auf den trokkenen, beheizten Raum einen Schock und reagieren mit Blatt- und Blütenverlust. Kübelpflanzen, die den Winter im Zimmer verbringen, muß man wie Zimmerpflanzen behandeln: regelmäßig gießen und immer wieder düngen, wenn auch deutlich weniger als im Sommer.

Eine Gärtnerei, bei der Sie Ihre Kübelpflanzen den Winter über in Pflege geben, ist nicht die schlechteste Lösung. Der Gärtner wird zwar Kosten in Rechnung stellen, aber dafür werden Ihre Pflanzen fachgerecht gepflegt.

Winterschutz im Freien

Strauchrosen und Scheinzypressen überwintern nicht im Haus, auch nicht in einem wirklich kühlen Raum: Sie brauchen etwas Frost, ihnen bekommt ein warmes Winterquartier nicht – und warm heißt hier schon 5 °C.
Clematis und Geißblatt können aus praktischen Gründen nicht in ein Winterquartier: Sie ranken fest an ihren Spalieren und können nicht zurückgeschnitten werden.

Den Kübel gut isolieren
Im Kübel sind diese Pflanzen aber frostgefährdet. Man muß deshalb versuchen, den Kübel möglichst gut zu isolieren.
Strauchrosen werden, sofern man einen Garten hat, mit dem Kübel in die Erde eingegraben; so kann ihnen nichts passieren. Scheinzypressen läßt man einfach draußen, gießt sie aber an frostfreien Tagen. Die Kübel der Kletterer werden eingepackt: Entweder ummantelt man das Pflanzgefäß mit Styroporplatten und wikkelt eine Luftpolsterfolie herum oder, wenn der Standort es erlaubt, packt man Stroh um die Kübel. Das hält den Frost ab. Auch alte Zeitungen in dikken Lagen, mit Folie verschnürt, isolieren gut. So kann man auch Strauchrosen auf dem Balkon gegen den Frost schützen.
Das Substrat wird mit einer dicken Schicht aus Laub oder Rindenmulch bedeckt, das schützt die Wurzeln von oben. Alle diese im Freien überwinternden Pflanzen müssen an frostfreien Tagen gegossen werden – die Gefahr des Austrocknens ist größer als die des Erfrierens.

Licht- und Temperaturansprüche im Winterquartier

Ebenso wie während der Wachtumsperiode im Sommer spielen Licht und Wärme auch im Winterquartier eine wichtige Rolle. Wobei hier weniger das Wachstum, sondern vielmehr das Überleben der Pflanze im Vordergrund steht.

Das Lichtbedürfnis
Grundsätzlich kann man sagen, daß alle Kübelpflanzen hell überwintert werden können (Ausnahme: die Knollen des Indischen Blumenrohrs). Dunkle Plätze sind Notmaßnahmen, die einige Pflanzen jedoch nicht übelnehmen.
Das meiste Licht brauchen immergrüne Pflanzen: Bambus, Lorbeer, Oleander, Myrte, Buchs, Palmen.
Weniger Licht vertragen alle laubabwerfenden Pflanzen.
Ein dunkler Platz genügt Agaven, Datura, Kassie, Korallenbaum, Lagerstroemia, Bleiwurz und Granatapfelbaum.
Fuchsien und Strauchmargeriten lassen sich, wenn man wenig Platz hat, in Zeitungspapier eingewickelt auch in einer Obstkiste überwintern.
Pflanzenleuchten, wie sie bei Zimmerpflanzen an lichtarmen Plätzen verwendet werden, haben bei überwinternden Kübelpflanzen wenig Sinn – es sei denn, die Pflanzen stehen im Zimmer und blühen.
Wichtig: Pflanzen, die sehr dunkel stehen, müssen schon ab März wieder gegossen und bald darauf an einen hellen Platz gestellt werden. Versäumt man das, verzögert sich der Austrieb bei manchen – vor allem bei Lagerstroemien und beim Korallenstrauch – bis in den Juni hinein, und dann wird die Pflanze kaum noch zur Blüte kommen.

Clematis-Hybride »Jackmanii« – Clematis gibt es in vielen Farben.

Die Temperaturen
Da man natürlich nicht jeder Pflanze im Winter die optimale Temperatur bieten kann, orientiert man sich an folgender Faustregel:
Je heller die Pflanze steht, desto wärmer darf der Raum sein.
Je dunkler sie steht, desto kühler muß es sein.
Unter +5 °C sollte das Thermometer in einem Raum, in dem verschiedene Pflanzen überwintern, nicht fallen; die Temperatur sollte aber auch nicht auf über +15 °C ansteigen. So schafft man eine Durchschnittstemperatur, die allen Pflanzen gut bekommt. Mit einem elektrischen Heizofen – oder einem Frostwächter, dessen Thermostat man auf etwa +8 °C einstellt, kann den Kübelpflanzen selbst bei strengstem Frost nichts passieren.
Immer wieder kontrollieren: Dennoch dürfen Sie die Pflanzen nicht ganz vergessen. Sie sollten immer wieder mal nach ihnen schauen. Denn sinken die Temperaturen zu tief ab, können empfindliche Pflanzen eingehen. Steigen die Temperaturen zu hoch – etwa wenn tagelang die Sonne in die Fenster oder auf ein isoliertes Dach scheint –, machen sich Schädlinge auf den Pflanzen breit. Vor allem Spinnmilben und Schildläuse (→ Seite 45 und Seite 46), die man in geschlossenen Räumen kaum bekämpfen kann. Vergessen Sie deshalb nicht, bei sonnigem Wetter zu lüften. Und denken Sie vor allem daran, abends die Fenster wieder zu schließen, sonst gibt es Frostschäden!

Gießen im Winter

Für die Bewässerung im Winterquartier gilt im allgemeinen: Je dunkler die Pflanzen stehen, desto sparsamer muß gegossen werden. Die Immergrünen brauchen etwas mehr Wasser als die Laubabwerfenden. Gießen Sie lieber alle 2 Wochen wenig als alle vier Wochen durchdringend. Staunässe vertragen die Pflanzen im Ruhestand noch weniger als im Sommer. Gießen Sie deshalb auch im Winter immer nur dann, wenn es notwendig ist. Sind die Ballen noch leicht feucht, warten Sie besser noch eine Woche.

Hibiskus-Hybride »Cream Cup Manihot«.

Mein Tip: Wenn Sie Ihre Kübelpflanzen im Winter in einen Untersetzer stellen, ersparen Sie sich viel Ärger, denn durch die ausgetrocknete Erde fließt beim Gießen immer etwas Wasser unten aus dem Topf. Auch wenn Sie nur sparsam gießen – die trockene Erde kann das Wasser nicht sofort aufnehmen. Und das ausfließende Wasser ruiniert den Boden des Winterquartiers.

Trocken über den Winter

So gut wie überhaupt nicht gegossen werden dürfen im Winter Agave, Datura, Lagerstroemia, Korallenstrauch und Granatapfel. Knollen, die aus dem Kübel genommen wurden, überwintert man vollkommen trocken.
Bambus braucht viel Wasser: Als einzige Kübelpflanze darf der Bambus auch im Winter nicht austrocknen. Er muß regelmäßig gegossen werden; wenn er die Blätter einrollt, ist das schon der »Notfall«. Er beansprucht auch den hellsten Platz im Winterquartier.

Aus dem Winterquartier ins Freie

Ab Anfang März sollten Sie Ihre Kübelpflanzen aufmerksam beobachten. Je nach den Bedingungen im Winterquartier fangen sie nun schon wieder an auszutreiben – die Tage werden länger, das Licht intensiver, die Temperaturen steigen. Alle Pflanzen, die völlig dunkel überwintert wurden, müssen jetzt ans Licht, damit sie mit dem Austrieb beginnen, ehe sie endgültig ins Freie kommen. Wenn Sie ein Kleingewächshaus im Garten haben, können Sie diese Pflanzen jetzt vorübergehend dort unterbringen. Es genügt aber auch, sie in einen wärmeren, helleren Raum oder im Überwinterungsraum an das Fenster zu stellen. Auf diese Weise lassen sich bei den meisten Pflanzen Austrieb und Blüte um einige Wochen nach vorne verschieben.

Ab Mitte April ausräumen
Pflanzen, die frostunempfindlich sind, können bereits Mitte April ins Freie gestellt werden – jedoch nur an einen geschützten Platz: etwa an eine Hauswand, wo es immer schön warm ist. Das Ausräumen geht genau umgekehrt vor sich wie das Einräumen: Zuerst kommen die frostharten Pflanzen nach draußen. Wenn die letzten Nachtfröste vorüber sind, folgen die frostempfindlichen Pflanzen. Doch auch die empfindlichen kann man schon vor den Eisheiligen ins Freie stellen. Sind Nachtfröste gemeldet, nimmt man die kleineren Pflanzen wieder herein, die großen schützt man mit Noppenfolie oder Schilfmatten.

Zuviel Sonne ist gefährlich
Gefährlicher fast als der Frost ist nach der Überwinterung im Dunkeln die Frühlingssonne für die Pflanzen. Werden sie direkt aus dem Winterquartier in die pralle Sonne gestellt, bekommen alle Blattpflanzen einen Sonnenbrand, mit Ausnahme des Oleanders. Die Pflanzen müssen sich erst langsam wieder an die Sonne gewöhnen. Das heißt, sie müssen – genauso wie die neugekauften Pflanzen, die aus dem Glashaus der Gärtnerei kommen – zuerst an einen schattigen Platz gestellt werden, wo nur abends oder morgens die Sonne scheint. Oft wird empfohlen, die Pflanzen bei trübem Wetter auszuräumen. Das nützt nichts, der Sonnenbrand kommt dann mit den nächsten sonnigen Tagen.

Eine so große Yucca (Palmlilie) braucht einen standfesten Kübel.

Die Frühjahrsinspektion
Kontrollieren Sie die Pflanzen gründlich, wenn Sie sie ins Freie gestellt haben. Ist es im Winterquartier zu Schädlingsbefall gekommen, muß jetzt sofort etwas dagegen getan werden (→ Seite 43 bis Seite 47). Haben die Pflanzen Geiltriebe (→ Grünteil, Seite 61), werden diese abgeschnitten, und zwar direkt an der Austriebsstelle. Entdecken Sie jetzt noch sperrige Zweige, die die Form der Pflanze stören, entfernen Sie diese ebenfalls. Pflanzenteile, die im Winter durch Trockenheit, Kälte oder auch durch zuviel Wärme gelitten haben, werden gleichfalls herausgeschnitten. Diese Teile zu regenerieren, kostet die Pflanze zuviel Kraft, die sie besser in die Bildung neuer Triebe und Blätter investiert. Immergrüne Pflanzen werfen beim Ausräumen ältere, zwei- bis dreijährige Blätter ab, das ist ein ganz normaler Vorgang.

Das Umtopfen

Wenn die Pflanzen aus dem Winterquartier ins Freie kommen, ist auch die richtige Zeit zum Umtopfen. In erster Linie gilt das für jüngere Pflanzen, die jetzt in einen größeren Kübel gesetzt werden, damit sie sich gut entwickeln können. Auch wenn die Wurzeln oben aus dem Topf wachsen oder ihn gar gesprengt haben, brauchen die Pflanzen einen neuen Kübel. Und wenn Sie bemerken, daß das Wasser nicht mehr richtig abläuft, daß sich sogar oben auf der Erde im Kübel Pfützen bilden, ist das Umtopfen dringend nötig, denn dann hat sich das Substrat so verdichtet, daß nicht mehr genügend Sauerstoff an die Wurzeln gelangt.

Welche Pflanzen, und wie oft?
Topfen Sie aber bitte nicht ohne Unterschied alle Kübelpflanzen auf einmal um. Die Ansprüche sind hier ganz verschieden.
Jedes Jahr in neue Erde möchten die besonders nährstoffhungrigen Pflanzen, die im Winter ihr Laub abgeworfen haben oder stark zugeschnitten wurden und nun rasch wieder zur vollen Größe heranwachsen. Diese Pflanzen lohnen es auch durch üppiges Wachsen und Blühen, wenn man sie im Garten auspflanzt (→ Seite 12). Zu ihnen gehören:
Datura (Engelstrompete)
Fuchsie *(Fuchsia)*
Hammerstrauch *(Cestrum)*
Hortensie *(Hydrangea macrophylla)*
Schönmalve *(Abutilon)*
Strauchmargerite *(Chrysanthemum frutescens)*
Wandelröschen *(Latana)*
Zierbanane *(Ensete)*
Alle zwei bis vier Jahre topft man die Pflanzen um, deren Wurzeln unbedingt geschont werden müssen. Man setzt sie in einen gleichgroßen Kübel wie vorher, lockert mit einem Holzstab oder einer (Eß-)Gabel den äußeren Rand des Wurzelballens so auf, daß möglichst viel verbrauchte Erde abfällt, ohne dabei die Wurzeln zu beschädigen. Dann wird zwischen den alten Wurzelballen und den Kübelrand neue Erde gefüllt, am besten Kompost. So behandelt werden möchten:
Bougainvillea
Granatapfelbaum *(Punica granatum)*
Hibiskus *(Hibiscus rosa-sinensis)*
Jasmin *(Jasminum)*
Kassie *(Cassia)*
Korallenstrauch *(Erythrina)*
Kreppmyrte *(Lagerstroemia)*
Myrte *(Myrtus communis)*
Rosmarin *(Rosmarinus officinalis)*
Strauchrose *(Rosa)*
Tibouchina

Alle vier bis fünf Jahre mit geringfügigem Wurzelrückschnitt umgetopft wird eine weitere Gruppe von Kübelpflanzen. Dabei schneidet man den Wurzelballen an den Seiten und unten mit einem sehr scharfen Messer etwa fünf Zentimeter zurück. Anschließend kommen die Pflanzen wieder in den alten oder einen neuen, gleichgroßen Topf. Zwischen Wurzelballen und Kübelrand wird frische Erde eingefüllt. Ältere Pflanzen brauchen dann nur noch alle zehn Jahre umgetopft zu werden. Zu dieser Gruppe zählen:
Aukube *(Aucuba)*
Bleiwurz *(Plumbago)*
Klebsame *(Pittosporum)*
Lorbeer *(Laurus nobilis)*
Oleander *(Nerium oleander)*
Olive *(Olea europaea)*
Orangenbaum *(Citrus sinensis)*
Zitronenbaum *(Citrus limon)*.
Nur dann in einen neuen Topf, wenn der alte zu klein ist, wenn nur noch Wurzeln oder Rhizome und keine Erde mehr im Kübel sind, oder wenn er beschädigt wurde, kommt die vierte Kategorie der Kübelpflanzen. Dabei werden die Wurzeln unten und an den Seiten zurückgeschnitten, bei Bambus und Schmucklilien benutzt man die Gelegenheit, die Pflanze in zwei oder gar drei Horste zu teilen, weil die Rhizome ein so dichtes Geflecht bilden, daß es mit Zurückschneiden nicht mehr getan ist (→ »Teilen von Wurzelballen«, Seite 53). In diese Gruppe gehören:
Agaven
Alle Bambusarten *(Bambusoideae)*
Buchsbaum *(Buxus)*
Alle Palmen
Scheinzypressen *(Chamaecyparis)*
Schmucklilie *(Agapanthus)*

So wird das Umtopfen leichter
Das Umtopfen großer Kübelpflanzen ist Schwerarbeit, die man sich jedoch erleichtern kann. Pflanzen, die in Plastikkübeln stehen, läßt man einige Tage ohne Wasser. Dann löst sich die trockene Erde besser von den Kübelwänden. Aus Terrakottatöpfen und Holzkübeln bringt man den Wurzelballen leichter heraus, wenn er vorher gegossen wurde. Sitzt der Wurzelballen allzu fest, fährt man mit einem langen Messer, einem sogenannten Schinkenmesser, innen an der Kübelwand entlang und löst damit die Feinwurzeln von den Topfwänden. Ist der Ballen aus dem Topf, werden die Wurzeln etwas aufgelockert – wo wichtig und richtig – zurückgeschnitten und alle Vermoosungen und Verkrustungen, die sich im Laufe des vergangenen Sommers gebildet haben, von der Oberfläche des Substrats entfernt. Dann kommt die Pflanze wieder in den – gereinigten – alten Kübel oder in ein neues Gefäß, das vorher mit einer Drainage gefüllt wurde (→ Seite 20).

Wurzelrückschnitt. Um das Wachstum anzuregen, werden bei einigen Kübelpflanzen, zum Beispiel bei der Datura, die Wurzeln seitlich mit einem scharfen Messer um etwa 5 cm eingekürzt.

Krankheiten und Schädlinge

Bakterien, Viren, Pilze und tierische Schädlinge können Kübelpflanzen genauso befallen wie Pflanzen im Zimmer und Garten. Man muß sie gezielt bekämpfen. Besser aber ist es, durch richtige Pflege vorzubeugen. Es gehen ohnehin viel mehr Pflanzen an falscher Behandlung zugrunde als an Krankheiten und Schädlingsbefall. Wenn Sie Ihre Kübelpflanzen ständig beobachten und bei Störungen sofort die richtigen Gegenmaßnahmen ergreifen, ersparen Sie sich eine Menge Ärger.

Wenn Kübelpflanzen richtig gehalten und gepflegt werden, halten sich Krankheiten und Schädlinge in Grenzen. Kübelpflanzen stehen ja im Freien, wo nützliche Insekten meistens dafür sorgen, daß die herkömmlichen Schädlinge nicht überhandnehmen. Natürlich muß man bei vielen Kübelpflanzen – genau wie bei Balkonblumen – mit Blattläusen rechnen, wenn der Sommer sehr feucht ist; auch Mehltau, Schimmel und Bodenpilze treten in solchen Sommern hin und wieder auf. Wesentlich häufiger jedoch als an Krankheiten und Schädlingen leiden Kübelpflanzen an unsachgemäßer Behandlung: Sie werden zuwenig oder zuviel gegossen, zuwenig oder zuviel gedüngt. Die falsche Pflege im Winterquartier ist die Hauptursache für das Eingehen von Kübelpflanzen. Die beste Vorbeugung gegen Schädlinge ist eine gute, individuell auf die Bedürfnisse der einzelnen Pflanzen abgestimmte Pflege. Kümmert eine Pflanze, weil sie in der Pflege vernachlässigt wird, haben die Schädlinge leichtes Spiel.
Damit Sie bei Krankheiten, Schädlingsbefall oder falscher Behandlung rasch und gezielt eingreifen, noch besser aber: richtig vorbeugen können, im folgenden eine Zusammenstellung der häufigsten Störungen, die bei Kübelpflanzen auftreten können.

Oleander.
In warmen Sommern blüht er überreich, muß aber täglich gegossen werden, sonst bekommt er – wie hier – gelbe Blätter.

Schäden durch Haltungsfehler

Staunässe
Symptome: Die Pflanze wirkt matt, Blätter und Triebe werden welk und vertrocknen, die Blüten fallen ab. Das Substrat ist feucht. Wurzelspitzen und Haarwurzeln sind braun oder schwarz.
Empfindliche Pflanzen: Hauptsächlich Bougainvillea und Tibouchina, aber auch fast alle anderen Kübelpflanzen. Bei Dattel- und Hanfpalme kommt es zu Herzfäule.
Ursache: Durch zu starkes Wässern wird der Sauerstoff aus der Erde verdrängt, die Pflanzen ersticken. Grund dafür sind verdichtetes Substrat, verstopfte Abflußlöcher und fehlende Drainage im Pflanzgefäß.
Vorbeugung: Gute Drainage, ausreichende Abflußlöcher, Beimischung von Sand unter das Substrat, mit Fingerspitzengefühl gießen, kein Wasser in Übertöpfen stehenlassen.
Heilung: Nicht möglich.

Vertrocknen
Symptome: Die Pflanze läßt die Blätter hängen, sie vertrocknen und vergilben von den Rändern und Spitzen her. Die Blüten fallen ab, die Wurzeln werden braun, der Wurzelballen ist so trocken, daß das Wasser einfach hindurchläuft.
Empfindliche Pflanzen: Alle mit großen Blättern, auch Bambus; Lagerstroemia während der Blüte; Lorbeer; Palmen.
Ursache: Bei zu trockenem, heißem Wetter, bei Wind oder bei leichtem Regen, der nicht durch das Blätterdach dringt, wird zuwenig oder gar nicht gegossen.
Vorbeugung: Während Hitze- und Trockenzeiten zweimal täglich gießen, immer die Feuchtigkeit im Kübel überprüfen. Substrat mit Tonkügelchen oder wasserspeichernden Mineralien (zum Beispiel Steinmehl) mischen.
Heilung: Bei starker Schädigung keine. Sonst Wurzelballen mehrere Stunden in lauwarmes Wasser stellen.

Nährstoffmangel
Symptome: Blasse Blätter bei Stickstoffmangel, bläulich-violette Blätter, kümmerlicher Wuchs und wenige Blüten bei Phosphormangel. Schwache Triebe und braune Blattränder, die sich später einrollen, bei Kaliummangel (→ Zeichnung Seite 44). Gelb- bis Braunfärbung mit sichtbaren Blattadern bei Magnesiummangel (→ Zeichnung Seite 44).
Empfindliche Pflanzen: Alle.
Ursache: Zuviel Kalk im Substrat, die Pflanzen können dann die anderen Nährstoffe nicht aufnehmen. Zuwe-

Kaliummangel (oben).
Magnesiummangel (unten).

Sonnenbrand.

Chlorose (Eisenmangel).

nig oder verdichtete Erde im Kübel; keine oder zu geringe Düngung.
Vorbeugung: Rechtzeitig umtopfen. Bodenoberfläche öfter lockern, richtig düngen, mit Regenwasser oder anderem kalkfreiem Wasser gießen.
Heilung: Umtopfen in neue Erde mit Langzeitdünger, fehlende Mineralien extra geben. Bei älteren Pflanzen die oberste Erdschicht im Kübel abtragen und eine neue Schicht gedüngte Erde aufbringen. Danach die Erdschicht vier Wochen lang mit einem Vlies abdecken.

Sonnenbrand
Symptome: Helle, unregelmäßige, später braun werdende Flecken auf den Blättern (→ Zeichnung oben Mitte).
Empfindliche Pflanzen: Alle, die aus dem Winterquartier oder dem Gewächshaus kommen, mit Ausnahme des Oleanders.
Ursache: Nach der Überwinterung sind die Blätter gegen Sonnenstrahlen empfindlich.
Vorbeugung: Langsame Gewöhnung an die Sonne.
Heilung: Befallene Blätter entfernen, die Pflanzen in den Schatten stellen, nur abends und morgens dürfen sie etwas Sonne bekommen.

Chlorose (Eisenmangel)
Symptome: Gelblich werdende Blätter, bei denen die Blattadern grün bleiben (→ Zeichnung oben rechts).
Gefährdete Pflanzen: Hortensie, Orangenbaum, Strauchrosen, Zitronenbaum.
Ursache: Zu kalte Erde, kaltes Gießwasser, sonnige Standorte für schattenliebende Pflanzen, zu kalkhaltiges Substrat.
Vorbeugung: Gießen mit Regenwasser, die richtige Substratmischung verwenden, kalkarm düngen.
Heilung: Spezielle Eisen und Magnesiumpräparate gießen oder sprühen.

Pilze und Bakterien

Echter Mehltau
Symptome: Blätter, Stengel und Blütenstände sind mit mehligem, weißem Pilzbelag bedeckt, der später braun mit schwarzen Pünktchen wird (→ Zeichnung Seite 45).
Gefährdete Pflanzen: Lagerstroemia, Strauchrosen. Mehltau wird immer nur auf Pflanzen derselben Art übertragen.
Ursache: Pilzinfektion vor allem bei feuchtem Wetter.
Vorbeugung: Pflanzen derselben Art nicht zu dicht stellen.
Heilung: Befallene Teile entfernen und vernichten (nicht auf den Kompost geben), mehrmals im Abstand von einigen Tagen mit Schachtelhalmbrühe spritzen.

Blattfleckenkrankheit
Symptome: Unterschiedliche Flecken auf den Blättern, je nachdem, welche Pilzart die Krankheit verursacht: rötlichbraune, die ineinanderfließen; gelbbraune, die mit dunklem Rand scharf abgegrenzt sind; große, unregelmäßige graugelbe, die sich später grauweiß verfärben; kleine, unregelmäßige blasse Flecken; große unregelmäßige weiße Flecken. Oft sieht man auf den Flecken schwarze Punkte, die Pilzsporen enthalten. Nach einiger Zeit sterben die Blätter ab.
Gefährdete Pflanzen: Agaven, Palmen.
Ursache: Pilze, die durch eine Schwächung der Pflanze eine Chance zur Ausbreitung bekommen. Starke Temperaturschwankungen.
Vorbeugung: Kein Zug, gute Pflege, möglichst gleichmäßiges Kleinklima.
Heilung: Mehrmals mit Schachtelhalm- oder Zwiebelbrühe spritzen.

Botrytis (Grauschimmel)
Symptome: Grauer, sporenstäubender Belag auf Blättern, Stengeln und Blüten; später bilden sich braune Faulstellen.
Gefährdete Pflanzen: Vor allem Schönmalven, aber auch fast alle anderen.
Ursache: Pilze, die sich vor allem im Winter bei zu warmer und zu dunkler Unterbringung in schlecht gelüfteten Räumen ausbreiten; im Sommer bei hoher Luftfeuchtigkeit.
Vorbeugung: Kühles, gut gelüftetes Winterquartier; im Sommer die Pflanzen nicht zu eng stellen; alle abgestorbenen und beschädigten Pflanzenteile regelmäßig entfernen.
Heilung: Befallene Teile entfernen und vernichten. Ist die Pflanze im Winter ganz befallen, in die Mülltonne werfen. Im Sommer mit Schachtelhalmbrühe oder Knoblauchtee spritzen.

Ascochyta
Symptome: Faulstellen durch Pilzbefall in den Blattachseln, Blüten und Verzweigungen. Der Trieb über der befallenen Stelle stirbt ab (Zeichnung Seite 46 oben links).
Gefährdete Pflanzen: Aukube, Oleander.
Ursache: Der Pilz bildet sich, wenn die Pflanzen dauernd im Tropfbereich (von Baumkronen oder vom Dach des Gewächshauses) stehen.
Vorbeugung: Betropfen vermeiden, an einen anderen Platz stellen.
Heilung: Befallene Triebe abschneiden, mehrfach Knoblauchtee spritzen.

Bodenpilze
Symptome: Jungpflanzen und Stecklinge fallen um; bei ausgewachsenen Pflanzen faulende Stellen am Stengelgrund und an den Wurzeln; kümmerlicher Wuchs.
Gefährdete Pflanzen: Bougainvillea, Datura, Hammerstrauch, Hibiskus, Rosmarin, Zierbanane.
Ursache: Die Pilze sind in jedem Boden vorhanden, vermehren sich aber durch Staunässe, zu geringe Ballentemperatur im Frühjahr, zu schattigen Standort oder Überdüngung, die zu hoher Salzkonzentration führt.
Vorbeugung: Pflanzen an einen warmen Platz stellen, nicht mit kaltem Leitungswasser gießen, Staunässe vermeiden, hin und wieder mit Schachtelhalmtee (→ Grünteil, Pflanzenbrühe, Seite 66) gießen.
Heilung: Bei geringem Befall umtopfen, sonst die kranke Pflanze zusammen mit dem Substrat vernichten (Mülltonne).

Oleanderkrebs
Symptome: Höckerige, schwarze oder braune Wucherungen an Blättern und Zweigen, schwarzbraune Triebspitzen, die mit den Blütenknospen absterben.
Gefährdete Pflanze: Oleander.
Ursache: Bakterien, die aus dem Ursprungsland eingeschleppt werden.
Vorbeugung: Befallene Teile sofort abschneiden und vernichten.
Heilung: Bei starkem Befall keine. (Entsprechende Mittel sind bei uns nicht erlaubt.)

Echter Mehltau.

Schädlinge

Blattläuse
Symptome: Grüne oder schwarze Läuse an Trieben und Knospen, eingerollte Blätter, gekrümmte Jungtriebe, Honigtau, nachfolgend Rußtaupilzbefall.
Gefährdete Pflanzen: Bleiwurz, Bougainvillea, Brautmyrte, Buchs, Datura, Fuchsie, Hammerstrauch, Hortensie, Lagerstroemia, Oleander, Orangenbaum, Schönmalve, Strauchmargerite, Strauchrose, Zitronenbaum.
Ursache: Feuchte Witterung, schlechte Pflege; Läuse, die in Schwärmen einwandern.
Vorbeugung: Die Pflanzen zugfrei stellen.
Bekämpfung: Mit einer Lösung aus einem Teil Schmierseife und neun Teilen Wasser (→ Grünteil, Seifenlösung, Seite 69) im Abstand von jeweils einer Woche mehrmals gründlich abspritzen. Mit scharfem Wasserstrahl abspülen, Behandlung mehrfach wiederholen.

Schildläuse
Symptome: An der Unterseite der Blätter und an den Stengeln sitzen hell- bis dunkelbraune, fest anklebende Schilde. Gelbe Flecken auf den Blättern; zäher Honigtau, der durch Rußtaupilze »schmutzig« wird (→ Zeichnung Seite 46 oben Mitte). Bei starkem Befall »ersticken« die Blätter, die Pflanze geht ein.
Gefährdete Pflanzen: Aukube, Brautmyrte, Buchs, Dattelpalme, Lorbeer, Oleander, Washingtonia.
Ursache: Zu warmes Winterquartier, Einschleppen der Schildlauslarven durch Ameisen.
Vorbeugung: Pflanzen kühl und luftig überwintern. Im Winterquartier immer wieder auf Schildläuse inspizieren und sie sofort vernichten. Vorbeugend Wurmfarntee spritzen, im Sommer Ameisen aus den Kübeln vertreiben.

Ascochyta (Pilzbefall).

Schildläuse.

Weiße Fliege.

Bekämpfung: Bei geringem Befall Schildläuse mit dem Fingernagel oder einem Holzstab abkratzen. Bei stärkerem Vorkommen mehrmals mit einer Seifen-Spiritus-Lösung (→ Grünteil, Seite 69) abspritzen, mit klarem Wasser nachspülen. Proxopurhaltiges Mittel spritzen. Bei Mißerfolg Pflanze total zurückschneiden oder vernichten. (Symptome und Bekämpfung sind bei Schmier- und Wolläusen identisch.)

Weiße Fliege (Mottenschildlaus)
Symptome: Gelblich-grüne Larven zwischen Wachsfäden an den Blattunterseiten. Häufig starke Honigtaubildung (→ Zeichnung oben rechts). Die erwachsenen weißen Insekten fliegen bei jeder Berührung der Pflanze auf. Bei starkem Befall vertrocknen die Blätter, der Honigtau schädigt sie zusätzlich.
Gefährdete Pflanzen: Fuchsie, Hammerstrauch Hibiskus, Kassie, Schönmalve, Wandelröschen.
Ursache: Die Insekten wandern vom Garten oder von anderen Kübel- und Balkonpflanzen zu.
Vorbeugung: Nicht möglich.
Bekämpfung: Mit speziellen Insektiziden gegen die Weiße Fliege spritzen – und zwar vier- bis fünfmal im Abstand von einer Woche. Als Alternative: Die Pflanze mit Seifen-Lösung (→ Grünteil, Seite 69) gründlich nässen, vier- bis fünfmal im Abstand von fünf Tagen. Die Blattunterseiten müssen dabei vollkommen naß werden.

Spinnmilben (Rote Spinne)
Symptome: Die Pflanzen werden schlapp, ihre Blätter verlieren die Farbe, verdorren und fallen ab. An den Blattunterseiten sieht man (unter der Lupe) kleine weiße Gespinste, die diesen gefährlichen Befall eindeutig bestätigen. Die Spinnmilbe selbst ist mit bloßem Auge nicht zu erkennen.
Gefährdete Pflanzen: Buchsbaum, Datura, Fuchsie, Korallenstrauch, Oleander, Orangenbaum, Strauchmargerite, Wandelröschen, Zierbanane, Zitrone.
Ursache: Spinnmilben werden vom Wind herangeweht.
Vorbeugung: Die Pflanzen nicht austrocknen lassen, in langen Trockenperioden auch von oben besprühen.
Bekämpfung: Mit speziellen Mitteln gegen Spinnmilben dreimal im Abstand von zehn Tagen spritzen oder besprühen. Bei erneutem Befall muß das Präparat gewechselt werden, denn Spinnmilben werden schnell resistent gegen Insektizide.

Was Sie bei der Schädlings- und Pilzbekämpfung beachten sollten

Blattläuse, Spinnmilben, Schild- und Wolläuse sind ungebetene und unangenehme Gäste auf den Kübelpflanzen. Trotzdem sollten Sie nicht gleich mit der »großen chemischen Keule« vorgehen – vor allem dann nicht, wenn die Pflanzen in Ihrer direkten Umgebung, also auf der Terrasse oder dem Balkon stehen. Die Schädlinge verschwinden oft von selbst – nach einem starken Regen oder wenn Nützlinge ihnen den Garaus machen. In Wohngegenden mit Gärten ist dies die Regel. Sie werden sich aber wundern, wie schnell sich auch mitten in der Großstadt eine Kolonie Marienkäfer über die Blattläuse hermacht und diese vernichtet.

Insektizide vernichten auch Nützlinge

Wenn Sie beim geringsten Ungezieferbefall sofort mit Insektiziden zur Stelle sind, töten Sie damit auch die Nützlinge, die sich vielleicht schon eingefunden haben: Marienkäfer, Raubmilben und Florfliegen. Die Schädlinge werden sich danach um so ungestörter ausbreiten.

Vorbeugen ist wichtiger als Bekämpfen

- Besprühen Sie gleich im Frühjahr, wenn die Pflanzen ins Freie kommen, Blätter und Erdoberfläche mit Schachtelhalmtee (→ Grünteil, Pflanzenbrühe, Seite 66), das verhindert den Pilzbefall.
- Rainfarntee (→ Grünteil, Pflanzenbrühe, Seite 66) hilft vorbeugend gegen die Blattfleckenkrankheit und Mehltau.
- Sorgen Sie dafür, daß die Pflanzen nicht dort hinkommen, wo die Luft »steht«, vermeiden Sie aber auch Zugluft.
- Stellen Sie Ungeziefer fest, wehren Sie gleich den Anfängen: Eine kleine Kolonie läßt sich mit der Hand abstreifen. Wenn Ihnen vor Läusen und ähnlichem Getier graut, tränken Sie die befallenen Triebe gründlich mit Seifenwasser, das Sie aber kurz darauf mit klarem Wasser abspülen sollten.

Mein Tip: Sind die Pflanzen bereits stärker befallen und müssen mit einem Insektizid behandelt werden, verzichten Sie, wenn irgend möglich, auf die Spraydose, denn Treibgas zerstört die Ozonschicht der Atmosphäre. Außerdem ist das Spray so kalt und scharf, daß junge Blätter und Triebe dadurch oft zugrunde gehen – schneller als Läuse und Milben. Mit einer Sprühflasche geht es auch!

Insektizide richtig anwenden

- Wenn Sie viele Pflanzen mit Insektiziden behandeln müssen, können Sie sich im Gartencenter dafür eine Rückenspritze oder ein kleines Handgerät ausleihen. Für kleine Pflanzen oder nur eine einzige genügt eine Sprühflasche, wie man sie zum Besprühen von Pflanzen mit Wasser verwendet (Blumenspritze). Sie darf aber dann nur noch zu diesem Zweck benutzt werden.
- Oberflächliches Spritzen oder Sprühen ist wirkungslos, die Schädlinge sitzen meist an der Blattunterseite und in den Blattachseln. Sorgen Sie also vor allem hier für einen gezielten Einsatz des Insektizids.
- Lesen Sie vor der Behandlung die Gebrauchsanweisung der Insektizide genau durch. Zu starke Dosierungen können den Pflanzen schaden, zu schwache nützen nichts. Auch der Abstand der Wiederholungsspritzungen muß genau eingehalten werden. Er ist zeitlich darauf abgestimmt, daß auch die nach der Spritzung aus den Eiern geschlüpften Insekten vernichtet werden.
- Im Winter ist die Bekämpfung von Schädlingen problematisch, weil im Zimmer nur schlecht gespritzt werden kann. Wenn diese Behandlung unbedingt notwendig wird, dann nur an einem warmen Tag bei weitgeöffneten Fenstern.

Im Garten ausgepflanzte Kübelpflanzen – hier ein Oleander – wachsen zu besonders großen Exemplaren heran.

- Auch beim Spritzen von Fungiziden (Pilzmitteln, → Grünteil, Seite 61) ist größte Vorsicht geboten. Setzen Sie diese Mittel nicht bei Regen ein, sie werden abgewaschen und gelangen in den Boden. Einige sind fischgiftig. Liegt also ein Gartenteich in der Nähe – was bis zu 20 Meter Entfernung bedeutet –, dürfen Sie Fungizide nicht einsetzen.
- Sorgen Sie dafür, daß Kinder und Haustiere sich während einer solchen Spritzaktion nicht in der Nähe aufhalten. Und vermeiden Sie, die Mittel einzuatmen oder in die Augen zu bekommen.

Achtung: Pyrethrum-Präparate sind äußerst giftig, wenn sie in offene Wunden gelangen (→ Insektizide, Seite 64). Deshalb nur mit Gummihandschuhen und nur bei Windstille sprühen.
Alle Pflanzenschutzmittel, auch die biologischen, müssen unbedingt für Kinder und Haustiere unerreichbar aufbewahrt werden.

Mein Tip: Wenn Sie sich vor Läusen, Spinnmilben und anderem Ungeziefer ekeln und Sie Pilz- und Bakterienerkrankungen an den Kübelpflanzen ausschließen wollen, legen Sie sich Pflanzen zu, die so gut wie keine Schädlinge oder Krankheiten kennen: Agave, Bambus, Geißblatt, Klebsame, Palme und Schmucklilie.

Kübelpflanzen erfolgreich vermehren

Die Vermehrung von Kübelpflanzen ist nicht schwer und bei fast allen Arten von Erfolg gekrönt. Es macht großen Spaß, selbstgezogene Kübelpflanzen heranwachsen zu sehen – ebensoviel Freude kann man aber auch Freunden bereiten, denen man schöne Jungpflanzen schenkt. Wichtig für die erfolgreiche Vermehrung ist der richtige Zeitpunkt – er liegt nicht bei allen Kübelpflanzen im Frühjahr – und ausreichende Wärme des Anzuchtsubstrats.

Bei der Vermehrung von Kübelpflanzen unterscheidet man zwei Arten: die generative Vermehrung, also die Vermehrung durch Aussaat, und die vegetative Vermehrung, bei der die verschiedensten Pflanzenteile zur Bewurzelung gebracht werden.
Keimfähige Samen kann man bei den wenigsten Kübelpflanzen selbst gewinnen, weil die Vegetationszeit in unseren Breiten zu kurz ist, um die Früchte vollständig ausreifen zu lassen, und weil es an den richtigen Bedingungen für die Befruchtung fehlt. Die einfachere und gebräuchlichste Art der Vermehrung bei den meisten Kübelpflanzen ist die durch Stecklinge, Absenker und Teilen.

Vermehrung durch Stecklinge

Ein Steckling ist der wurzellose Trieb einer Pflanze, der zur Bewurzelung in Wasser oder in Erde gesenkt wird (→ Seite 50) und sich zu einer Pflanze mit allen guten (oder schlechten) Eigenschaften der Mutterpflanze entwikkelt. Wählen Sie also für die Vermehrung mit Stecklingen immer Pflanzen aus, die besonders gut belaubt sind und reich blühen. Man unterscheidet dabei:
grundständige Stecklinge, die unten aus der Wurzel herauskommen. Sie werden im Frühjahr knapp über der Basis geschnitten und spielen bei Kübelpflanzen kaum eine Rolle.
Sowie
kopfständige Stecklinge (Kopfstecklinge), die von den Triebspitzen der Pflanzen abgenommen werden. Man schneidet sozusagen den »Kopf« des Triebes ab und zieht daraus eine neue Pflanze. Das ist die bei Kübelpflanzen häufigste Methode der Stecklingsvermehrung. Hierbei unterteilt man wiederum in krautige, halbreife und verholzte Stecklinge, die im Volksmund auch Frühlings-, Sommer- und Winterstecklinge genannt werden, nach der Jahreszeit, zu der man sie für die Vermehrung schneidet.

Koniferen.
Beliebte, immergrüne Kübelpflanzen, die gut als Sichtschutz geeignet sind.

Für eine erfolgreiche Vermehrung durch Stecklinge ist es wichtig zu wissen, welche Pflanze mit welchem Steckling vermehrt wird (→ Pflegeanleitungen Seite 74 bis Seite 105).

Krautige Stecklinge

Im Frühjahr, wenn sie gerade ausgetrieben haben, schneidet man weiche, also krautige Stecklinge etwa 15 cm unterhalb der Triebspitze ab (sie sollten keine Blüten oder Knospen haben). Man benutzt dazu ein sehr scharfes Messer, damit die Schnittstelle nicht gequetscht wird. Vorteilhaft ist es, wenn der Schnitt schräg geführt wird – immer knapp unterhalb eines Blattauges (→ Grünteil, Augensteckling, Seite 58). Die Pflanze hat dann eine größere Fläche, um an der Schnittstelle Wundgewebe (→ Kallusbildung, Grünteil, Seite 64) zu bilden, aus dem sich die Wurzeln entwickeln. Die unteren Blätter des Triebes werden abgenommen. Bei Pflanzen mit sehr großen Blättern halbiert man die am Steckling verbleibenden, damit sie nicht zuviel Wasser verdunsten. Für die Bewurzelung der Stecklinge gibt es zwei verschiedene Methoden:

Bewurzelung in Wasser
Stecken Sie den krautigen Steckling in eine weithalsige, mit Wasser gefüllte Flasche. In einer Flasche mit engem Hals haben die Stecklinge zwar mehr Stand, aber Sie bekommen das dichte Wurzelgeflecht später nicht mehr unbeschädigt aus der engen Flaschenöffnung heraus. Haben sich ausreichend Wurzeln gebildet, setzen Sie die junge Pflanze in einen Topf mit nicht zu stark gedüngter Erde. TKS 2 (→ Grünteil, Seite 70) eignet sich gut, aber auch eine Mischung aus je einem Drittel Blumenerde, Sand und Kompost. Achten Sie darauf, daß die Pflanze genügend Substrat zwischen die Wurzeln bekommt.

Bewurzelung in Erde
Viele Pflanzenstecklinge können auch gleich in einen Blumentopf mit TKS 1 oder einer Mischung aus Blumenerde und Sand gesetzt werden. Um die Bewurzelung zu erleichtern, kann man das Schnittende kurz in Bewurzelungshormonpulver tauchen (→ Seite 51). Der Steckling bewurzelt auch besser, wenn Sie ihn nicht in die Mitte des Topfes, sondern an den Rand stekken. Durch die poröse Wand des Gefäßes nimmt er dann zusätzlich Sauerstoff auf, das fördert die Wurzelentwicklung.

Bewurzelung in »gespannter Luft«
Da er noch keine Wurzeln ausgebildet hat, kann der Steckling aus dem Substrat nur wenig Wasser holen. Über die Blätter gibt er aber dennoch Verdunstungsfeuchtigkeit ab. Damit er sich besser entwickelt, nicht verwelkt oder gar austrocknet, bringt man ihn unter »gespannte Luft« (→ Grünteil, Seite 62). Dabei wird eine Folien-Klarsichthaube über das Anzuchtgefäß gestülpt. Die Blätter des Stecklings dürfen die Folie jedoch nicht berühren, deshalb stützt man sie mit einem gebogenen Draht. In diesem »Folienzelt« bildet sich sogenannte »gespannte Luft«. Die Luftfeuchtigkeit liegt bei nahezu 100 Prozent; das durch die Blätter verdunstende Wasser tropft in das Substrat und auf die Blätter zurück. Auf keinen Fall aber dürfen die Stecklinge unter einer solchen Haube in die pralle Sonne gestellt werden.
Anstelle eines Folienbeutels kann man bei kleineren Stecklingen auch ein großes Glas über den Topf stülpen oder die Stecklinge in einem speziellen Anzuchtkasten (im Fachhandel erhältlich) vermehren. Bei Pflanzen, die lange brauchen, um Kallusgewebe und Wurzeln zu bilden, besteht unter der Haube die Gefahr von Pilzbefall – auch in der Erde. Deshalb muß mindestens einmal am Tag gelüftet, das heißt die Haube abgenommen oder wenigstens auf einer Seite geöffnet werden.

Stecklinge brauchen Bodenwärme
Für die Anzucht der wärmeliebenden Kübelpflanzen ist die Temperatur des Bodens ungemein wichtig. Bei empfindlichen Pflanzen muß das Substrat gleichmäßig 20 °C warm sein. Das gilt vor allem für die krautigen Stecklinge, die ja gerade in der Entwicklung zu neuen Ästen standen. In einem kalten Substrat faulen die Stecklinge, oder sie entwickeln sich zu langsam. Sorgen Sie deshalb immer für die richtige Bodentemperatur. Ein Kleingewächshaus ist der richtige Platz für die ersten Wochen, weil es hier im Frühling immer warm ist und bei Frost ohnehin geheizt wird. Für die Aufzucht von Stecklingen im Zimmer oder im Freien gibt es ein paar Tricks:

Vermehrung mit krautigen Stecklingen.

Triebspitze unterhalb eines Blattauges schräg abschneiden. Große Blätter zu Reduzierung der Verdunstung halbieren. Steckling in eine weithalsige, mit Wasser gefüllte Flasche zum Bewurzeln stellen.

Schöne Kombination von Kübel- und Balkonpflanzen auf kleinstem Platz: Datura, Fuchsien, Geranien und Tagetes.

- Stellen Sie den Tontopf mit dem Steckling in einen etwas größeren schwarzen Plastiktopf. Die Luft zwischen Ton- und Plastikbehälter wirkt wie eine Dämmschicht, die Verdunstungskälte aus dem Tontopf wird herabgesetzt.
- Wenn Sie einen Garten haben, können Sie den Topf mit den Stecklingen bei günstigen Witterungsverhältnissen in die Gartenerde eingraben – noch besser in einen Komposthaufen. So wird die Erde gut warmgehalten.

Bewurzelungshormone
Die meisten Ableger von Kübelpflanzen wachsen problemlos heran. Um die Bewurzelung zu erleichtern und zu beschleunigen, kann man das Schnittende der Triebe vor dem Einpflanzen in ein Bewurzelungshormon tauchen.
Diese Mittel gibt es in Pulverform zu kaufen, sogar speziell für krautige, halbreife und reife Stecklinge. Sie fördern die Kallusbildung und verhindern Fäulnis und Verpilzung. Bei der Bewurzelung in Wasser werden sie nicht verwendet.

Halbreife Stecklinge

Weil sie im Juli geschnitten werden, wenn sie gerade halb ausgereift sind, nennt man sie auch Sommerstecklinge. Sie werden 10 bis 20 cm lang geschnitten, und zwar wie die krautigen Stecklinge von der Spitze eines Triebes schräg unter einem Blattauge. Die untersten Blätter des Triebes werden entfernt, ebenso alle Blüten und Blütenknospen. Dann steckt man die Sommerstecklinge in einen mit einem Sand-Torf-Gemisch gefüllten Tontopf an die Topfwand.

Die Sommerstecklinge bleiben in ihren Töpfen draußen, solange es noch keinen Frost gibt. »Gespannte Luft« (→ Seite 50) ist nicht unbedingt nötig, bei extrem trockenem Wetter aber hilfreich. Halbreife Stecklinge wollen es nicht so warm wie die Frühlingsstecklinge, kalte Erde vertragen aber auch sie nicht. Bis zum Einräumen im Oktober sollten sie bewurzelt sein. Sie kommen jedoch nicht mit den anderen Kübelpflanzen ins Winterquartier, sondern in einen kühlen, hellen Raum, wo man sie ständig unter Kontrolle hat. Die meisten Sommerstecklinge können auf der Fensterbank im Wohnzimmer überwintern, müssen dann aber hin und wieder besprüht werden.

Mein Tip: Wenn Sie mehrere Stecklinge bewurzeln wollen, probieren Sie einmal folgende Methode aus: Stellen Sie einen kleineren Tontopf in einen im Durchmesser um etwa 5 cm größeren. Der innere bleibt leer, der Raum zwischen beiden Töpfen wird mit Substrat gefüllt. Da hinein kommen nun die Stecklinge. Sie bewurzeln sich besonders gut.

Verholzte Stecklinge

Sie werden erst beim Einräumen der Pflanzen ins Winterquartier geschnitten, wenn die Stengel vollständig verholzt sind; daher auch die Bezeichnung Winterstecklinge oder Steckhölzer. Bei Kübelpflanzen praktiziert man dies nicht sehr häufig, weil sie im allgemeinen dafür nicht reif genug werden. Lediglich Buchs und andere Immergrüne, die bei uns im Freien überwintern können, vermehrt man durch verholzte Stecklinge.
20 cm lange, bleistiftdicke, völlig verholzte Triebe werden abgeschnitten, die Triebspitzen und alle Blätter entfernt. Da man sich nicht auf die Triebspitzen beschränken muß, kann man dabei aus einem langen Trieb vier bis fünf Stecklinge schneiden. Die Schnittfläche sollte am unteren Teil des Stecklings schräg, am oberen Teil gerade sein, damit man sie später unterscheiden kann. Dann werden mehrere dieser Stecklinge zusammengebunden – nicht alle bilden Wurzeln.

Bewurzelungshilfe für mehrere Stecklinge.
Kleinen Tontopf in einen größeren Tontopf stellen, Zwischenraum mit Substrat füllen, der kleine Tontopf bleibt leer, die Stecklinge ins Substrat stecken.

Den Winter über einschlagen

Während des Winters kommen verholzte Stecklinge in einen »Einschlag«, das heißt, man legt sie der Länge nach in eine mit Sand und Torf gefüllte Grube im Garten. Auf die Grube häuft man einen kleinen Hügel Erde, damit es darin nicht zu warm und nicht zu kalt wird. Denn Holzstecklinge bilden das Kallusgewebe nur bei Temperaturen von 5 bis 10 °C. Wenn Sie keinen Garten, aber einen kühlen Keller haben, können Sie solche Holzstecklinge auch in einer Kiste mit Sand und Erde einschlagen.
Im Frühjahr werden die Stecklinge aus der Erde oder aus dem Keller geholt und in einen Topf gepflanzt – die schrägen Schnittstellen nach unten! – wo sie sich an einem frostfreien, hellen Platz nun rasch bewurzeln.
Denken Sie daran:
- Krautige Frühjahrsstecklinge brauchen einen warmen Boden und »gespannte Luft«.
- Halbreife Sommerstecklinge wollen es nicht zu warm und nicht zu kalt.
- Holzige Winterstecklinge benötigen Temperaturen unter 10 °C im Einschlag.

Vermehrung durch Absenker

Nur die Kletterer unter den Kübelpflanzen kommen hierfür in Frage. Dabei wird der Trieb nicht abgeschnitten, sondern an der Mutterpflanze belassen. Man wählt dafür einen einjährigen gesunden Trieb ohne Blüten aus. Er sollte lang genug sein, daß er beim Herunterbiegen nicht abbricht, und er wird im selben Kübel, in dem die Mutterpflanze steht, in die Erde

Vermehrung durch Holzstecklinge.

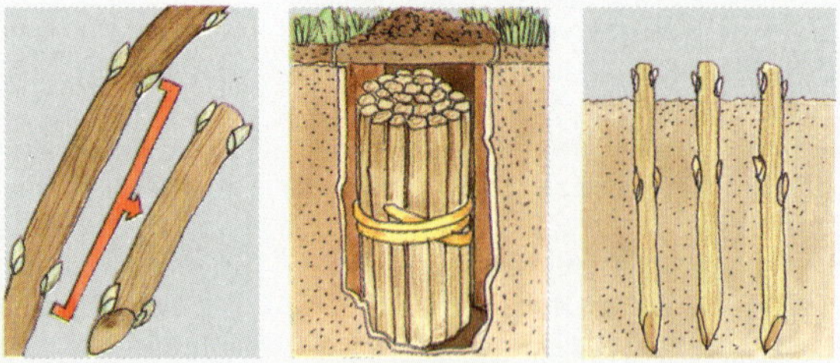

Aus einem verholzten Trieb 20 cm lange Stecklinge schneiden (sie müssen Augen haben). Mehrere Holzstecklinge zusammenbinden, in eine mit Sand und Torf gefüllte Grube im Garten legen. Im Frühjahr herausnehmen und einzeln einpflanzen.

Vermehrung durch Absenker.

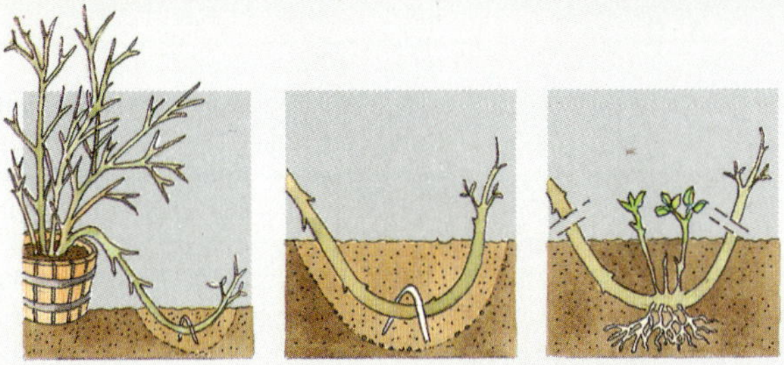

Einen ausreichend langen Trieb (nicht von der Mutterpflanze abschneiden) herunterbiegen und mit einem gebogenen Draht in der Erde verankern. Das Abtrennen von der Mutterpflanze erfolgt, wenn der Absenker Wurzeln und neue Triebe gebildet hat.

gesenkt. Der Trieb bleibt mit der Mutterpflanze verbunden und wird mit einem gebogenen Draht in der Erde verankert, damit er nicht mehr aus dem Topf schnellen kann. Ist das Substrat im Kübel sehr stark gedüngt, sollte man einen kleineren Topf mit TKS 1 in den großen Kübel eingraben, und den Trieb in den kleinen Topf absenken.

Das in die Erde versenkte Triebstück muß mindestens eine Blattachsel haben (die Blätter an dieser Stelle werden entfernt). Das Abtrennen von der Mutterpflanze erfolgt, wenn der Absenker Wurzeln und neue Triebe gebildet hat. Die Jungpflanze wird dann in einen eigenen Topf gesetzt. Bei sehr langen Trieben lassen sich auf diese Weise aus einem mehrere Jungpflanzen ziehen.

Bei Absenkern dauert die Bewurzelung relativ lange: mindestens vom Frühjahr bis zum Herbst. Sind die Triebe älter als zwei Jahre, bewurzeln sie sich schlecht. Die beste Zeit für eine Vermehrung durch Absenker ist der Beginn der Wachstumsperiode.

Vermehrung durch Stammstecklinge

Einige wenige Kübelpflanzen, beispielsweise die Palmlilie *(Yucca)*, kann man auch durch sogenannte »Stammstecklinge« vermehren. Dabei wird der Stamm einer zu groß gewordenen Pflanze in 30 bis 40 cm lange Stücke geschnitten. Die obere Schnittfläche wird mit Baumwachs versiegelt, den unteren Teil des Stammstücks setzt man etwa 15 cm tief in schwach gedüngtes Substrat. Bei ausreichender Luftfeuchtigkeit bilden sich oben am Stamm, knapp unterhalb der Schnittstelle, neue Blattschöpfe.

Diese Methode der Vermehrung läßt sich nur im Freien oder im Gewächshaus durchführen, im Zimmer ist es dafür zu trocken.

Vermehrung von Sukkulenten im Kübel

Agaven vermehrt man durch Kindel. Von der Mutterpflanze aus bildet sich an einem Trieb eine Nebenrosette. Der Trieb darf erst durchgetrennt werden, wenn das Kindel ausreichend Wurzeln gebildet hat. Man läßt den Trieb etwas antrocknen und pflanzt dann die kleine Agave in sandiges Substrat. Schwach bewurzelte Kindel vertrocknen leicht.

Blattkakteen vermehrt man so: Ein Blatt ohne Blüten und ohne Knospen wird an der breitesten Stelle mit einem scharfen Messer durchgeschnitten. Die Schnittstelle wird keilförmig zurechtgestutzt. Die abgeschnittene Blatthälfte läßt man etwas antrocknen, dann steckt man mehrere dieser Blattstecklinge zusammen in ein Gemisch von ⅔ Sand und ⅓ Einheitserde. Wenn sie bewurzelt sind, kann man sie in einen größeren Topf pflanzen.

Teilen von Wurzelballen

Pflanzen mit Rhizomen (das sind unterirdische dicke Sprossen, aus denen sich neue Pflanzen entwickeln) werden durch Teilung vermehrt, das geht sehr einfach. Sobald die Pflanze keinen Platz mehr im Kübel hat, wird sie herausgenommen. Dabei wird

Vermehrung durch Samen.

Samen über Nacht in lauwarmes Wasser legen. Jeweils drei oder vier Samen in einen Topf mit keimfreier Erde stecken und in gespannter Luft (unter einem Einmachglas oder einer Glasscheibe) keimen lassen. Topf auf ein Stück Styropor stellen, um das Substrat vor Kälte zu schützen.

man feststellen, daß das Rhizomgeflecht fest ineinander verknäuelt und kaum noch Erde vorhanden ist. Bei kleineren Pflanzen schüttelt man nun den Wurzelballen, bis er sich etwas lockert, und schneidet ihn dann mit einer Rosenschere in zwei bis drei Teile. Die freigelegten Rhizome müssen sofort wieder eingepflanzt werden, da sie leicht vertrocknen.
Große Wurzelballen, beispielsweise bei Bambus oder Agapanthus, werden mit einem scharfen Spaten oder einer Säge geteilt.
Großflächige Schnittstellen bestäubt man mit Holzkohlenstaub, um Fäulnis zu verhindern.
Der richtige Zeitpunkt für die Teilung ist immer im Frühjahr, beim Ausräumen; beim Indischen Blumenrohr vor dem Auspflanzen in den Kübel. Sie können aber auch Pflanzen mit normalen Wurzeln teilen, die aus dem Boden mehrere Triebe treiben. Man nimmt sie aus dem Kübel, schüttelt die Wurzeln gut ab und zieht die einzelnen Triebe mitsamt den Wurzeln vorsichtig auseinander. Bei großen Kübelpflanzen ist das fast unmöglich, die Wurzeln sind zu stark ineinander verflochten. Aber wenn Sie zum Beispiel in einem Topf zwei oder drei junge Oleanderpflanzen haben, können Sie sie auf diese Weise gut teilen.

Rotblühender Oleander.
An einer schützenden weißen Südwand, die Wärme speichert und abgibt, blüht Oleander auch in verregneten und kühlen Sommern. An solch einem Standort kann er im Herbst bis zu einer Temperatur von –5 °C draußen bleiben.

Vermehrung durch Abmoosen.

Mit einem scharfen Messer schräg in den Stamm schneiden, nicht ganz bis zur Stammitte, oder Rinde ringförmig einschneiden. Folie um den Stamm binden und mit feuchtem Torf füllen. Folie zubinden – nach einigen Wochen bilden sich in dem Torfsack Wurzeln.

Vermehrung durch Samen

Diese Methode kommt für nur wenige Kübelpflanzen in Frage, erweist sich jedoch meistens als zu aufwendig, weil auch sie besser durch Stecklinge zu vermehren sind. Die meisten Kübelpflanzen bilden in unserem Klima gar keine Früchte aus; und wenn sie Früchte tragen, reifen diese nicht. Es gibt jedoch einige Möglichkeiten, über Samen an neue Exemplare zu kommen. Man kann

- aus Samen von Früchten ziehen, den man selbst reifen läßt,
- die Samen exotischen Früchten entnehmen, oder
- Samen kaufen.

Citrusgewächse lassen sich recht gut aus Samen ziehen, werden aber kaum blühen oder Früchte tragen – es sei denn, sie werden auf einer entsprechenden Unterlage veredelt. Das wiederum ist Sache des Fachmanns. Palmen, Klebsame, Oliven, Bananen und Baumtomaten sind für eine Vermehrung durch Samen geeignet.

So wird's gemacht

- Die gekauften oder aus Früchten gewonnenen Samen über Nacht in lauwarmes Wasser legen.
- Einen Topf mit möglichst keimfreier Erde füllen. Vorteilhaft ist Maulwurfserde, gemischt mit Torf und Sand.
- Die Samen – immer zu dreien oder vieren – in den Topf stecken.
- Erde gerade anfeuchten, nicht durchnässen.
- Auf den Topf mit der Aussaat eine Glasscheibe legen oder ein Einmachglas darüberstülpen. So entsteht ein feuchtwarmes Treibhausklima, wie es die tropischen Pflanzen lieben; sie keimen nämlich nur, wenn die Erde gut warm ist.
- Täglich lüften, damit Kondensationswasser ablaufen kann. Sonst Schimmelgefahr. Erde nicht austrocknen lassen!
- Bei Samen, die auf der Fensterbank herangezogen werden, ein Brett oder ein Stück Styropor zur Isolation unter den Topf mit der Aussaat legen.

Gut geeignet für das Keimen von Exoten sind auch beheizte Anzuchtkästen (aus dem Fachhandel), die man auf der Fensterbank oder im Kleingewächshaus aufstellt.

Wenn die Keimlinge 10 cm hoch sind, werden sie in ein nahrhafteres Substrat umgetopft, das aber gut wasserdurchlässig sein muß. Jungpflanzen sind empfindlich gegen zu nasse Erde, die kleinen Wurzeln faulen schnell. Entwickeln sich die Keimlinge zufriedenstellend, können sie im selben Jahr nochmals in einen neuen, größeren Topf umgepflanzt werden. Je mehr Platz die Wurzeln haben, desto besser entwickeln sich die oberirdischen Teile. Im Winter müssen die Pflänzchen weiter im Zimmer gepflegt werden – schnellwachsende Pflanzen wie zum Beispiel die Baumtomate oder die Zierbanane ausgenommen.

Vermehrung durch Abmoosen

Diese etwas aufwendige Methode empfiehlt sich vor allem bei Pflanzen mit stark verholzten Zweigen. Bei den gängigen Kübelpflanzen ist sie jedoch kaum nötig, weil diese meist willig aus einfachen, geschnittenen Trieben kommen. Weil sie aber sehr interessant ist, soll sie hier auch beschrieben werden.

So wird's gemacht

- Ein Stück Folie von der Größe 20 × 20 cm zurechtschneiden.
- Steckling immer an der Triebspitze auswählen.
- An der entsprechenden Stelle die Rinde mit einem scharfen Messer schräg einschneiden. Vorsicht: nicht so tief schneiden, daß der Trieb abbricht.
- Die Rindenwunden mit Bewurzelungshormon bestäuben.
- Die Folie unter der Schnittstelle fest um den Zweig falten und mit einem weichen Zwirn oder einem Stück Schnur festbinden. So entsteht eine Art Tüte rund um den Trieb.
- In diese »Tüte« gut angefeuchteten Torf (früher wurde dazu Moos verwendet, daher der Name) füllen.
- Die Folie oben wieder fest um den Trieb binden.

In dem Torfsack bilden sich nun im Laufe von wenigen Wochen Wurzeln. Bleibt die Wurzelbildung aus, ist der Torf zu trocken. Zwei Wochen nachdem sich die ersten Wurzeln entwickelt haben, kann man den Trieb abschneiden und wie einen bewurzelten Steckling in einen Topf mit schwach gedüngtem Substrat pflanzen.

Grundwissen für den Balkongärtner

Auf den folgenden Seiten finden Sie von A bis Z, was Sie über Pflanzen wissen sollten. Es wird gärtnerisches Fachwissen vermittelt, das Ihnen beim Gespräch mit dem Gärtner oder Blumenhändler nützlich sein wird. Dazu spezielle, praxiserprobte Tips und Tricks für die Pflege Ihrer Kübelpflanzen, damit Ihre Pflanzen im Sommer prächtig gedeihen und ohne Schaden über den Winter kommen.

A

Ableger

Kletterpflanzen werden in der Regel durch Ableger (Absenker) vermehrt. Der Stecklingstrieb wird dabei nicht abgeschnitten, sondern neben der Mutterpflanze in die Erde gesteckt, bis sich Wurzeln bilden, dann abschneiden (→ Vermehrung, Seite 52).

Abzugslöcher

Wenn Pflanzgefäße oder Übertöpfe aus Kunststoff, Holz oder Keramik keine Abzugslöcher haben, müssen Löcher gebohrt werden, damit keine Staunässe entsteht. Bei Holz- und Kunststoffkübeln mit einem 6-mm-Holzbohrer bis zu zehn Löcher gleichmäßig verteilt in den Kübelboden bohren. In Keramikgefäße nur ein bis drei Löcher bohren. Dabei Bohrstelle zum Schutz gegen Sprünge und Splittern mit kräftigem Klebe- oder Isolierband abkleben. Steinbohrer verwenden und mit niedrigster Schaltstufe bohren.

Zierbanane.
Sie wird in wenigen Jahren bis zu 3 m hoch und bekommt ausladende Blätter. So große Pflanzen müssen bis zu dreimal täglich gegossen werden.

Ackerschachtelhalmbrühe

→ Pflanzenbrühe, Seite 66.

Alkalisch

Ein alkalisches Substrat ist eine Erde mit einem pH-Wert von über 7,5. Nur wenige Pflanzen vertragen solche Substrate, denn sie können aus alkalischem Boden so gut wie keine Spurenelemente aufnehmen (→ pH-Wert, Seite 67).

Allergien

Viele Menschen sind gegen bestimmte Pflanzen allergisch, sie reagieren bei der leichtesten Berührung mit Nesselausschlägen oder beim Einatmen von Blütenstaub mit Heuschnupfen. Vor allem stark duftende Pflanzen können Allergien hervorrufen. Bei Verdacht, daß eine Kübelpflanze der Auslöser einer Allergie ist, Allergietest vom Hautarzt durchführen lassen.

Ameisen

Siedeln selten in Pflanzkübeln. Wenn doch, kommen durch sie Blattlauskolonien oder Schildläuse an die Pflanze. Durch ein Ameisennest wird die Erde im Kübel stark aufgelockert, die Wurzeln verlieren Bodenkontakt und vertrocknen.
Abhilfe: Ameisen durch einige Tropfen einer sehr stark riechenden Flüssigkeit vertreiben: zum Beispiel Nelkenöl, Zedernöl, Tigerbalsam oder Parfüm. Unterpflanzung mit stark duftenden Blattpflanzen (Mottenkönig oder Duftpelargonien) hält Ameisen ab.

Anbinden

Beim Anbinden von Hochstämmchen am Haltestab nur weiche Schnüre (oder Nylonstrumpf) verwenden, damit die Rinde nicht beschädigt wird. Mit Achterschlinge anbinden. Kletterer am Gerüst nicht stramm anbinden, Triebe werden sonst geknickt oder abgeklemmt. Speziellen, ummantelten Anbindedraht oder Bast verwenden.

Art

→ Pflanzennamen, Seite 66.

Assimilation

Jede Pflanze holt sich über kleine Poren oder Spalten in den Blättern Kohlendioxyd aus der Luft. Das Kohlendioxyd wird mit Hilfe des Wassers, das die Wurzeln aufnehmen, in Sauerstoff, Wasserstoff und Kohlenstoff zerlegt. Mit Hilfe des Sonnenlichts und des Chlorophylls (→ Seite 23) produziert die Pflanze aus Wasserstoff und Kohlenstoff Zucker, der wiederum durch Fermente in die Energiespender zerlegt wird, die die Pflanze zum Wachsen braucht. Diesen chemischen Vorgang nennt man Assimilation. Ohne sie kann eine Pflanze nicht leben. Das heißt, wenn sie während der Vegetationsperiode aus irgendeinem Grund alle Blätter verliert, kann sie eingehen (→ Das Lebewesen Pflanze, Seite 23).

Auge

Das Auge einer Pflanze ist eine schlafende Knospe (Anlage eines Neutriebs), die rund oder oval geformt in die Rinde eingebettet ist und meist hinter dem Stiel eines Blattes liegt. Vorsicht: Beim Ausputzen von Blättern die Augen nicht beschädigen!

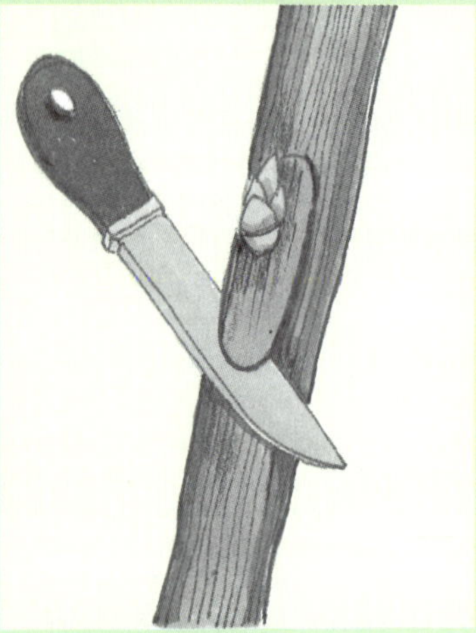

Augensteckling.
Wird verwendet zum Veredeln und zur Vermehrung.

Augensteckling

Man schneidet aus einem gut ausgereiften Zweigstück ein Auge heraus, und zwar so, daß das Stück mit dem Auge im Durchmesser etwa zwei Drittel so dick ist wie der Zweig. Dieses Augenstück kann man zum Veredeln (zum Beispiel von Hochstammrosen) verwenden, aber auch zur Vermehrung, etwa von Weinreben.

Auslichtungsschnitt

Bei großen Pflanzen notwendig, damit sie an älteren Trieben nicht verkahlen; bei laubabwerfenden Pflanzen fast immer notwendig, bei immergrünen empfehlenswert. Alle dünnen Triebe und alle Triebe, die nur schwach blühen, vor dem Einräumen ins Winterquartier 10 cm über der Erde abschneiden. Hier bilden sich im nächsten Jahr neue kräftige Triebe, die üppig blühen.
Jährliche Auslichtung ist notwendig bei:
Granatapfel *(Punica granatum)*,
Hammerstrauch *(Cestrum)*,
Klebsame *(Pittosporum)*,
Kreppmyrte *(Lagerstroemia)*,
Oleander *(Nerium oleander)*.
Nach Bedarf ausgelichtet werden:
Bleiwurz *(Plumbago auriculata)*,
Fuchsie *(Fuchsia)*,
Wandelröschen *(Lantana-camora-*Hybriden).
Hinweis: Kronenbäumchen direkt am Ansatzpunkt der Krone auslichten.

Auspflanzen

In ein Beet ausgepflanzt, gedeihen Kübelpflanzen besser als selbst im größten Kübel.
Bodenvorbereitung: Am Rande einer Terrasse oder im Innenhof einen Streifen Erde gründlich lockern und von Unkraut befreien. Vor allem Wurzelunkräuter wie Winden, Giersch, Quecken sehr gründlich entfernen. Sie verflechten sich mit den Wurzeln der Kübelpflanzen.
Pflanzloch: im Durchmesser etwas größer als der Überwinterungskübel und mindestens 15 cm tiefer ausheben. 5 cm Sand oder Kies als Drainage einfüllen, darauf halbverrotteten Kompost oder verrotteten Mist.
Einsetzen: Pflanze aus dem Kübel nehmen und in einen passenden Plastikkorb setzen. (Ist der Korb zu groß um den Wurzelballen ein Erde-Kompost-Gemisch auffüllen.) Plastikkorb mit Pflanze in das Pflanzloch setzen; die Oberfläche des Pflanzsubstrats auf gleicher Höhe wie die Oberfläche des Gartenbodens. Zu tiefe Pflanzung verursacht Stengelfäule, zu hohe Pflanzung schadet den Wurzeln. Um den Korb herum das Pflanzloch mit Komposterde auffüllen. Die Wurzeln wachsen im Laufe des Sommers durch die Löcher des Korbs und versorgen sich selbst mit Nahrung und Wasser. Bei Auspflanzung mehrerer Kübelpflanzen vorher die voraussichtliche Breite der Pflanzen abschätzen – besser ist ein größerer Abstand als ein zu geringer. Zu dicht wachsende Pflanzen kümmern.
Pflegemaßnahmen: Ausgepflanzte Pflanzen etwas weniger düngen und gießen als Pflanzen im Kübel. Mit der Kanne gießen, nicht mit dem Schlauch! Im Herbst Pflanze mit dem Korb aus der Erde nehmen, herausgewachsene Wurzeln kürzen.
Überwinterung: Bei frostfreiem Wetter eine Woche ohne Gießen im Freien stehenlassen. Dann Korb samt Wurzelballen in Plastikfolie einschlagen oder in Kübel stellen und ins Winterquartier bringen. Plastikfolie nicht dicht verschließen: Fäulnisgefahr!

B

Bakterien

Bakterien sind einzellige Mikroorganismen, die sich durch Spaltung vermehren. Für die Pflanzen nützliche und wichtige Bakterien sind die Bodenbakterien, die den Boden zu Humus verarbeiten. Schädlich sind Bakterien, die Krankheiten erregen. Bei Befall mit diesen Bakterien werden die Blätter welk oder fleckig, Stengel oder Früchte faulen.
Vorbeugen: Kübelpflanzen nicht zu dicht stellen, Wunden an Stämmen und Stengeln sowie Staunässe vermeiden (→ Krankheiten und Schädlinge, Seite 43).

Ballentrockenheit

Wenn das Substrat im Topf einer Kübelpflanze völlig ausgetrocknet ist, spricht man von Ballentrockenheit. Pflanzen, die während der gesamten Wachstumsperiode immer wieder Blätter austreiben, erholen sich nach einer Ballentrockenheit wieder, immergrüne können eingehen. Besonders empfindlich sind Lorbeer und Oleander. Bei Ballentrockenheit nützt Gießen nicht mehr, das Wasser läuft durch das ausgetrocknete Substrat hindurch.
Abhilfe: Die Pflanze braucht ein Tauchbad. Dazu den Kübel in ein großes Gefäß mit angewärmtem Wasser stellen, bis das Substrat wieder völlig durchfeuchtet ist.
Vorbeugung: Die Pflanze in einen genügend großen Untersetzer stellen, der sich beim Gießen mit Wasser füllt. Im »Notfall« holt sich die Pflanze von dort das Wasser.

Beinwelljauche

→ Pflanzenjauche, Seite 66

Bewurzeln im Wasser

Auf diese Weise werden Oleander und Pflanzen mit weichem, saftigem Stengel vermehrt: Krautige Triebe im Sommer mit scharfem Messer abschneiden. Die untersten Blätter abknipsen. Triebe einzeln in weithalsige, mit Wasser gefüllte Flaschen stecken (aus engen Flaschenhälsen bekommt man die Wurzeln später nicht mehr unbeschädigt heraus). Flaschen ans Licht stellen. Gegen Veralgung die Flasche auf der Fensterseite mit Papier abkleben oder mit Farbe anstreichen. Nach kräftiger Wurzelbildung eine Prise Volldünger ins Wasser geben, Geiltriebe abschneiden. Im Spätsommer Trieb aus der Flasche nehmen und in Torfkultursubstrat oder Einheitserde setzen.
Wichtig: Wurzeln müssen gut vom Substrat umschlossen sein.

Bewurzelungspräparate

Bevor ein Steckling Wurzeln bildet, bildet sich am Wachstumsknoten erst ein Meristem, ein Zellknoten, auch Kallus genannt. Ist der Kallus groß genug, wachsen daraus die Wurzeln. Viele Pflanzen bilden von alleine Wurzeln, bei anderen ist es notwendig, die Wurzelbildung durch Bewurzelungshormone anzuregen. Diese Präparate werden vor allem bei verholzten Stecklingen angewandt, sie können aber auch bei krautigen Stecklingen verwendet werden. Die bekanntesten Präparate: Wurzelfix, Stimuhirz A, Seradix.

Biologische Schädlingsbekämpfung

Ist der Befall von Kübelpflanzen mit Spinnmilben, Blattläusen oder Schildläusen nicht stark, können sie mit biologischen Mitteln bekämpft werden. Am wirksamsten sind Seifen-Lösungen (→ Seite 69) oder Seifen-Spiritus-Lösungen (→ Seite 69). Hilfreich ist (auch zur Vorbeugung im Winterquartier) das Spritzen mit Rainfarntee (→ Pflanzenbrühe Seite 66).
Unter biologischen Bekämpfungsmitteln versteht man auch pyrethrumhaltige Präparate. Pyrethrum wird aus einer Chrysanthemenart gewonnen, aber auch synthetisch hergestellt. Eine andere Art der biologischen Schädlingsbekämpfung sind Nützlinge wie Florfliegen, Marienkäfer, Schlupfwespen und Ohrwürmer, die Blattläuse und andere Schädlinge vernichten. Das setzt aber vollständigen Verzicht auf chemische Schädlingsbekämpfungsmittel voraus. Wurmhumus (→ Wurmkompost, Seite 72) stärkt die Zellwände und beugt so dem Befall von Blattläusen vor.

Blattläuse

Sie siedeln sich mit Vorliebe auf Kübelpflanzen an. Die schwarzen oder grünen Läuse saugen die Zellsäfte aus, dabei entleeren sie Giftspeichel in die Zellen. Die Blätter rollen sich ein, werden gelb und fallen ab, Triebe und Blütenstände krümmen sich und verkümmern. Blattläuse übertragen auch gefährliche Viruskrankheiten auf Pflanzen. Bei warmem Wetter können in einem Jahr zehn Generationen von Blattläusen heranwachsen und großen Schaden anrichten. Die Blattläuse scheiden Honigtau aus, auf dem sich Rostpilze ansiedeln, die der Pflanze ebenfalls schaden.

Brennesseljauche

Anleitung für Herstellung und Verwendung → Pflanzenjauche, Seite 66.

C

Chemische Schädlingsbekämpfungsmittel

→ Insektizide, Seite 64.

Chlorophyll

Chlorophyll ist der grüne Farbstoff, der in den meisten Pflanzen vorhanden ist. Es verwandelt Sonnenlicht in Energie, die für die Assimilation notwendig ist. Diesen Vorgang nennt man Photosynthese (→ Das Lebewesen Pflanze, Seite 23).

D

Diebstahlssicherung

Pflanzen, die direkt an der Straße oder in einem offenen, zugänglichen Hof stehen, gegen Diebstahl sichern: In der Wand des Hauses mit Hilfe eines Dübels einen kräftigen Metallring verankern. Wo das nicht möglich ist, Ring in den Boden betonieren. Dafür gebogenen, geteilten Anker oder Bodenplatte anschweißen (→ Zeichnung rechts).
Bei Plastikkübeln in den oberen Rand ein Loch sägen, leichte Metallkette durchziehen, durch den Ring ziehen, mit Schloß sichern.
Bei Holzkübeln Kette durch den Griff ziehen oder ebenfalls Loch sägen.
Bei Keramikkübeln muß die Pflanze selbst angekettet werden. Bei Hochstämmchen Kette einmal um den Stamm schlingen, zum Ring zurückführen, abschließen. Rinde mit Gummimanschette schützen. Bei buschigen Pflanzen Kette um mehrere starke Triebe oder um die Pflanzenbasis legen.

Sicherung gegen Diebstahl. Metallring in Boden einbetonieren und Kübel daran anketten.

Drainage

Große Kübelpflanzen brauchen zur Verhinderung von Staunässe eine Drainage: Auf den Boden des Kübels (mit Abzugslöchern) 10 bis 15 cm hoch mittelfeinen Kies oder groben Sand schütten, darauf Kunststoffvlies oder Schlitzfolie legen und seitlich etwas hochziehen, dann Substrat einfüllen. Statt Kies können auch Ton- oder Ziegelscherben oder Blähton verwendet werden. Blähton wirkt zusätzlich als Wasserspeicher.

Dünger

Für die meisten Kübelpflanzen ist Mineraldünger notwendig, biologischer Dünger wird nicht schnell genug in Pflanzennahrung umgesetzt.
Sofortwirkung zeigen:
Blaudünger (12 + 12 + 17, Anteile Stickstoff, Kalium und Phosphor, → Seite 29); Blumenflüssigdünger; Gekörnter Guanodünger (6 + 12 + 4).
Langzeitwirkung zeigen:
Depotdünger auf mineralischer Basis (15 + 9 + 15) und organische Dünger (Hornspäne, Horn-, Blut-, Knochenmehl).
Den Pflanzen, die saure Böden bevorzugen, sollte man Rhododendron- und Azaleendünger geben, er ist phosphatarm.
Flüssigdünger nach Vorschrift ins Gießwasser geben – je nach Bedarf der Pflanze wöchentlich oder weniger oft.
Gekörnten Dünger auf die Oberfläche des feuchten (!) Substrats geben und nochmals gießen.
Düngestäbchen nur bei kleinen Pflanzen und Jungpflanzen verwenden.
Langzeitdünger (Depotdünger und organische Dünger) beim Umtopfen einarbeiten, bei älteren Pflanzen in die Oberfläche einkratzen (Vorsicht: Wurzeln nicht beschädigen).

E

Einfüttern

Eine im Spätsommer oder Herbst gekaufte Kübelpflanze nicht mehr umtopfen, sondern die Pflanze mit dem Container, in dem sie gekauft wurde, in einen größeren Topf einfüttern: In einen großen Topf mit Abzugslöchern stellen und den Raum zwischen der Wand des neuen Topfes und dem Verkaufscontainer mit Kies, Sand oder Blähton auffüllen (→Wann kauft man Kübelpflanzen, Seite 10).

Einheitserde

Dies ist eine fertige, bereits gedüngte Mischung aus Torf und Lehmerde, in die Schaumstoffkügelchen oder andere auflockernde Materialien eingemischt sind. Die Düngung reicht aber für normale Kübelpflanzen nicht aus (→ Substrate, Seite 25).

Enthärten

→Weiches Wasser, Seite 72 und Zeichnung rechts.

Entspitzen

Zu lange Triebe mit einer Schere oder mit den Fingernägeln abknipsen. Dadurch verzweigen sich die Pflanzen besser, sie werden dichter und bleiben in der Form. Bei Pflanzen, die nur am Triebende blühen, verzögert oder verhindert das Entspitzen die Blüte, aber die buschiger gewordene Pflanze blüht im nächsten Jahr üppiger.

Wasser enthärten.
Großen Behälter (Regentonne) mit Wasser füllen und einen mit ungedüngtem Torf gefüllten Mullbeutel hineinlegen.

F

Familie

→ Pflanzennamen, Seite 66.

Farnkrautbrühe

Anleitung für Herstellung und Verwendung → Pflanzenbrühe, Seite 66.

Fungizide

Chemische Mittel gegen Pilzbefall. Viele sind giftig für Fische, deshalb nicht in der Nähe von Gartenteichen anwenden (Entfernung 20 m). Nicht bei Regen sprühen, die Mittel würden dann in den Boden geschwemmt. Fungizide für Kleingärtner nur sparsam und im äußersten Notfall (Mehltau, Bodenpilze) anwenden. Besser ist eine Vorbeugung mit Ackerschachtelhalmbrühe (→Pflanzenbrühe, Seite 66).

G

Gattung

→ Pflanzennamen, Seite 66.

Gefährliche Pflanzen

Wenn sich Kinder und Haustiere auf Terrasse und Balkon aufhalten, kann es durch die spitzen Blattenden von Agaven und verschiedenen Palmenarten, aber auch durch Kakteen zu gefährlichen Verletzungen kommen. In diesem Fall auf solche Pflanzen verzichten (das Abschneiden der Blattspitzen schadet den Pflanzen).

Geiltriebe

Wenn Kübel- oder Balkonpflanzen im Winter zu warm stehen, bilden sich sogenannte Geiltriebe. Das sind blasse, lange Triebe, die nur an der Spitze kleine Blätter haben. Geiltriebe unterbrechen die Winterruhe der Pflanze und nehmen ihr die Kraft für den Neuaustrieb im Frühjahr. Deshalb Geiltriebe umgehend abschneiden und für ein kühleres Überwinterungsklima sorgen.

Gerüst

Kletterpflanzen (ein- und mehrjährige) brauchen einen Halt: Einfaches Gerüst aus drei dünnen Holzlatten mit Querstreben am Rande des Kübels in die Erde stecken (Wurzeln nicht beschädigen). Oder Bambusstäbe mit Querstreben verbinden. Bambus kann nicht genagelt werden; Streben mit Schnur oder Bast anbinden.
An Spalieren klettern oder ranken Kübelpflanzen wie:
Bleiwurz *(Plumbago auriculata)*,
Bougainvillea *(Bougainvillea glabra)*,
Clematis *(Waldrebe)*,
Geißblatt *(Lonicera caprifolium)*,
Jasmin, der Chinesische Jasmin *(Jasminum mesnyi)* klettert wesentlich besser als der Arabische Jasmin (Jasminum sambac),
Wandelröschen (Lantana-camora-Hybriden).
Pyramiden am Gerüst ziehen: Bambus- oder Holzstäbe zeltförmig in den Kübel stecken, oben zusammenbinden, Pflanzen an den Stäben hochziehen, eventuell noch Metallring (Haltering, → Zeichnung Seite 31) einlegen. Verzinkte Metallspiralen für Pyramiden sind im Fachhandel erhältlich.
Zu Pyramiden lassen sich formen blühende Kübelpflanzen wie:
Bleiwurz *(Plumbago auriculata)*,
Bougainvillea *(Bougainvillea glabra)*,
Jasmin *(Jasminum mesnyi* und *Jasminum sambac)*.

Gerüst für Kletterpflanzen.
Einfachste Methode: Dünne Holzlatten zusammennageln.

Gespannte Luft

Stecklinge und Samen entwickeln sich in gespannter Luft besser. Sie wird unter einer Plastiktüte oder in einem großen Einmachglas erzeugt: Glasklare Plastiktüte (Gefrierbeutel) ohne Löcher über Topf und Steckling spannen und am oberen Topfrand festbinden. Damit die Folie den Steckling nicht berührt, mit kreuzweise eingesteckten gebogenen Drähten abstützen. Einmachglas innerhalb des Topfrandes über den Steckling stülpen.
Bei Samen bis zur Keimung Glasscheibe auf den Topf legen. Täglich kurz lüften. Wenn die ersten neuen Triebe und Blätter kommen, Folie oder Glas abnehmen.
Wichtig: Auf Pilzbefall achten! Bei Befall Folie oder Glas sofort abnehmen.

Giftige Pflanzen

Einige der beschriebenen Pflanzen sind giftig oder enthalten hautreizende Stoffe. Im Beschreibungsteil sind die giftigen Planzen durch ein Totenkopfsymbol gekennzeichnet. Bitte beachten Sie hierzu den »Wichtigen Hinweis« auf Seite 4.

Gießrand

Damit das Gießwasser aus gut gefüllten Pflanzgefäßen nicht herausgeschwemmt wird, am Rande des Pflanzgefäßes einen Gießrand anlegen. Das ist eine 2 cm tiefe und etwa 5 cm breite Rinne, die zwischen Kübelrand und Pflanze gezogen wird. Durch den Gießrand kann das Wasser ins Substrat ablaufen. Bei empfindlichen Pflanzen verhindert der Gießrand Stengelfäule an der Austriebstelle.

Gespannte Luft.
Mit kreuzweise eingesteckten gebogenen Drähten die Folie abstützen.

H

Härtegrad

Die Härte des Leitungs- und Grundwassers wird in °dH gemessen, das heißt »Grad deutsche Härte« (→ Wasserhärte, Seite 72).

Holzkübel (altes Faß)

Ein altes Wein- oder Fischfaß innen und außen gründlich säubern. Die Eisenbänder zur Mitte des Fasses hin gut festklopfen und das Faß in zwei Teile sägen. Oberen Rand glattschmirgeln. Eisenbänder mit Rostschutzfarbe streichen, nach dem Trocknen lackieren. Holzteile mit Holzschutzfarbe streichen oder außen lackieren. Dabei die Eisenbänder mit Klebeband abkleben. Abzugslöcher in den Boden bohren, eventuell zwei Haltegriffe anbringen.

Holzschutzmittel

Zum Streichen und Imprägnieren alter und neuer Holzkübel nur pflanzenverträgliche Mittel verwenden: für innen Leinöl, für außen Borsalzpräparate. Dann mit Klarlack auf Naturharzbasis überstreichen, weil der Schutzanstrich sonst schnell ausgewaschen wird. Keine Teeröle (zum Beispiel Carbolineum) verwenden. Zum farblosen Lackieren von Kübeln biologische Lasuren und Naturharzlacke) verwenden (Dosen mit blauem Engel). Diese Mittel sind zwar etwas mühsamer in der Anwendung und teurer als herkömmliche Produkte, aber sie schaden den Pflanzen nicht. Für Farbanstriche wasserlösliche Acryllacke verwenden.

Honigtau

Blatt- und Schildläuse sondern ein Verdauungssekret ab, das zuckerhaltig und sehr klebrig ist. Der Honigtau überzieht die Blätter mit einer dichten klebrigen Schicht, die gerne von Rostpilzen besiedelt wird (→ Blattläuse, Seite 45). Die Poren der Blätter werden verstopft, die Pflanze kümmert oder geht ein.

Humus

So nennt man nährstoffreichen Boden, der aus abgestorbenen pflanzlichen und tierischen Substanzen besteht. Er entsteht, wenn Kleinlebewesen wie Bakterien und Pilze oder Regenwürmer Pflanzenreste, organischen Dünger und andere Rohmaterialien auf biochemischem Weg verwerten. Die Humusschicht des Bodens ist – je nach Bodenart – bis zu 50 cm dick. Im Pflanzkübel bildet sich dagegen kaum Humus, er muß – etwa durch Kompost – dem Substrat beigegeben werden, und zwar um so mehr, je nährstoffhungriger die Pflanze ist.

Hybride

Hybriden sind gezüchtete Pflanzen, die aus einer Kreuzung verschiedener Arten hervorgegangen sind. Man züchtet auf diese Weise Pflanzen mit besonders schönen Blüten, mit reichen Fruchtständen und Pflanzen, die gegen Krankheiten und Schädlinge besonders widerstandsfähig sind. Hybriden sind in vielen Fällen unfruchtbar, sie können dann nicht durch Samen vermehrt werden.

Hydrokultur

Kübelpflanzen eignen sich im allgemeinen nicht für Hydrokultur. Durch kräftige Sonneneinstrahlung veralgen die Blähtonkügelchen, was die Wasseraufnahme und -abgabe beeinträchtigt. Große Zimmerpflanzen auf Hydrokulturbasis (Birkenfeige, Gummibaum, Drachenbaum, Aralien) im Sommer im Freien in den Halbschatten stellen. Bei Veralgung die Blähtonkügelchen austauschen.

Hygrometer

Mit einem Haarhygrometer mißt man die Luftfeuchtigkeit. Pflanzen, die im Warmhaus oder im Zimmer gehalten werden, leiden oft unter der viel zu trockenen Heizungsluft. Bei einer Luftfeuchtigkeit von 60 bis 70% fühlen sie sich am wohlsten. Liegt sie unter diesem Wert – die Pflanzen besprühen.

I

Immergrüne Kübelpflanzen

Diese werfen im Herbst ihr Laub nicht ab, sie bleiben auch im Winterquartier belaubt.
Immergrüne Pflanzen, die für Kübel geeignet sind:
Agave *(Agave americana)*,
Aukube (Goldorange, *Aucuba japonica)*,
Bambus *(Bambusoideae)*,
Brautmyrte *(Myrtus communis)*,
Buchsbaum *(Buxus)*,
Dattelpalme (Phoenixpalme, *Phoenix canariensis)*,

Hanfpalme *(Trachycarpus fortunei)*,
Klebsame *(Pittosporum)*,
Lorbeer *(Laurus nobilis)*,
Olivenbaum (Ölbaum, *Olea europaea)*,
Orangenbaum *(Citrus sinensis)*,
Palmfarn (Sagopalme, *Cycas revoluta)*,
Rosmarin *(Rosmarinus officinalis)*,
Scheinzypresse *(Chamae cyparis)*,
Schmucklilie *(Agapanthus)*,
Washingtonia (Petticoat-Palme, *Washingtonia robusta* und *Washingtonia filifera)*,
Zierbanane *(Ensete)*,
Zitronenbaum *(Citrus limon)*.
Einige Kübelpflanzen behalten im Wintergarten ihre Blätter. Sie werfen nur dann ihr Laub ab, wenn sie dunkel und kühl überwintert und wenig gegossen werden, im Wintergarten oder im Zimmer bleiben sie grün (Schönmalve, Klebsame, Bougainvillea).

Insektizide

Schädlingsbekämpfungsmittel wirken gegen Schädlinge, vernichten aber auch die nützlichen Insekten. Diese Mittel nur bei starkem Befall einsetzen. Auf Isektizide, die für Bienen giftig sind, ganz verzichten. Pyrethrum-Präparate, aus Pflanzenauszügen gewonnene biologische Insektizide, sind giftig für Fische und für Menschen nicht ungefährlich. Nach neuesten Erkenntnissen wirkt Pyrethrum äußerst giftig, wenn es das Nervensystem unmittelbar über die Blutbahn erreicht. Vorsicht bei Verletzungen und Erkrankungen der Haut, vor allem bei Allergien! Nur mit Gummihandschuhen und nur bei Windstille sprühen. Systemische Insektizide (→ Seite 69) werden an die Wurzeln gegossen und wirken über den Säftestrom der Pflanze auf die Schädlinge.

K

Kallusbildung

Bevor ein Steckling im Wasser oder in der Erde Wurzeln bilden kann, muß sich am Ende des abgeschnittenen Triebes ein Kallus bilden (→ Bewurzelungspräparate, Seite 59).

Kalthaus

Gewächshaus oder Wintergarten ohne Heizung, in dem man Kübelpflanzen überwintern kann, die kühl und hell stehen wollen. Notwendig ist ein Frostwächter, ein elektrisches Heizgerät, das dafür sorgt, daß die Temperaturen nicht unter die Frostgrenze sinken. Im Kalthaus überwinternde Pflanzen treiben früher aus, das ist günstig für Pflanzen, die sehr früh im Jahr Licht und Wärme zur Ausbildung von Blüten und Blättern brauchen (Lagerstroemien, Daturen).

Katzen

Sie brauchen für ihre Verdauung Grünes und halten sich, wenn keine andere Möglichkeit vorhanden ist, an die Blätter von Kübel- und Zimmerpflanzen. Das bekommt weder den Katzen noch den Pflanzen.
Abhilfe: In einer flachen Schale Gras oder noch besser Getreide aussäen; es keimt schnell, die Katzen nehmen es gern an. Damit die Katzen ihre Krallen nicht an den Stämmen von Kübelpflanzen wetzen, einen dicken Ast mit Rinde aufstellen.

Kindel

Ableger, der aus einem seitlich wachsenden Trieb kommt. Gibt es bei Kübelpflanzen nur bei Agaven. Der Kindeltrieb bildet sich unter dem Substrat. Abwarten, bis die kleine Pflanze Wurzeln gebildet hat, dann abschneiden und in Sand eintopfen. Zu Beginn nicht düngen.

Kohlendioxyd

→ Assimilation, Seite 57.

Kompost

Kompost ist die wichtigste Nahrungsgrundlage für große Kübelpflanzen. Wenn viel Kompost ins Substrat gemischt wird, muß weniger gedüngt werden.

Kompostsack.
Eine Möglichkeit, auf dem Balkon Kompost herzustellen.

Kompost aus dem Garten: Küchen- und Gartenabfälle aufschichten, mit Kompostbeschleuniger jede Schicht dünn bestreuen. Im Winter abdecken, im Frühjahr durchsieben. Bei Verwen

dung für Kübelpflanzen dem Kompost keinen Kalk beimischen.
Laubkompost: Laub von verschiedenen Laubbäumen (außer Eiche, Walnuß, Kastanie, deren Blätter haben zuviel Gerbsäure) feucht aufschichten, dazwischen etwas Erde und Brennesseln geben. Mit Kompoststarter oder Kompostbeschleuniger impfen. Ein Sack Tannennadeln (beim Spaziergang sammeln) verbessert den Laubkompost, vor allem für Pflanzen, die einen etwas sauren Boden bevorzugen.
Kompost auf dem Balkon: In Kompostsack oder in Komposttonne rohe (ungekochte) Küchenabfälle einfüllen, dazu kleingeschnittene Brennesseln. Im Kompostsack unbedingt Kompoststarter beigeben. Etwas tierischen Mist (Hühner-, Kaninchen-, Pferdemist) oder organischen Dünger untermischen. Der Kompostsack muß warm stehen. Nach etwa 9 Monaten ist dieser Kompost reif. Wenn Sack oder Tonne gut verschlossen sind, riecht der Kompost nicht.

Koniferen

Nadelgehölze – eignen sich recht gut als Kübelpflanzen, vor allem für Dachterrassen und Balkone. Da sie sehr langsam wachsen, ausgewachsene Exemplare kaufen, aber nicht größer als 1,50 m. Kübel für Koniferen sollten mindestens 60 cm tief sein. Viele Nadelgehölze sind empfindlich gegen Autoabgase und Luftverschmutzung. Daher in der Baumschule gegebenenfalls nach unempfindlichen Arten fragen.

Kronenbäumchen schneiden

Um eine dichte und gleichmäßige Krone bei Hochstämmchen zu erreichen, müssen im ersten Jahr ständig die Seitentriebe entspitzt werden, wenn sie etwa 15 cm lang sind (→ Erziehungsschnitt und Entspitzen, Seite 31). Dann verzweigen sich diese, und es bilden sich viele weitere Seitentriebe, die im folgenden Jahr üppig blühen.
Zu Hochstämmchen kann man formen:
Bleiwurz *(Plumbago auriculata)*,
Bougainvillea *(Bougainvillea glabra)*,
Datura *(Engelstrompete)*,
Fuchsie *(Fuchsia)*,
Granatapfel *(Punica granatum)*,
Hammerstrauch *(Cestrum)*,
Hibiskus (Roseneibisch, *Hibiscus rosa-sinensis)*,
Hortensie (Rispenhortensie, *Hydrangea macrophylla)*,
Kassie (Gewürzrinde, Zimtbaum, *Cassia)*,
Klebsame *(Pittosporum)*,
Kreppmyrte *(Lagerstroemia)*,
Lorbeer *(Laurus nobilis)*,
Orangenbaum *(Citrus sinensis)*,
Schönmalve *(Abutilon)*,
Strauchmargerite *(Chrysanthemum frutescens)*,
Wandelröschen *(Lantana-camora-Hybriden)*,
Zitronenbaum *(Citrus limon)*.

Kunstdünger

→ Dünger, Seite 60.

L

Laubbäume im Kübel

Auf einer geräumigen Terrasse kann man einheimische Bäume im Kübel halten. In der Baumschule sind Containerpflanzen von Birken, Ebereschen, Weiden und anderen schnellwachsenden einheimischen Bäumen erhältlich. Sie brauchen sehr große Kübel. Diese Bäume werden im Kübel nicht so groß wie in der Natur, aber doch zu groß, um sie ins Winterquartier im Haus bringen zu können. Sehr kalte lange Winter überleben sie nur, wenn die Kübel im Garten in die Erde eingesenkt werden.

Lauberde

→ Kompost, Seite 64.

Lehm

Lehm, unter das Substrat gemischt, hält viel Wasser fest, ist daher für die meisten Kübelpflanzen notwendig.

Luftfeuchtigkeit

Im Sommer ist Luftfeuchtigkeit für Kübelpflanzen ebenso wichtig wie für Zimmerpflanzen. Ist die Luft draußen sehr feucht, braucht man weniger zu gießen, weil die Pflanzen auch Feuchtigkeit durch die Blätter aufnehmen können. Im Winterquartier darf die Luftfeuchtigkeit nicht zu hoch sein (Hygrometer aufhängen): Bei einer Luftfeuchtigkeit von über 90% verschimmeln die Pflanzen, denn Schimmelpilze gedeihen besonders gut in kühler, feuchter Luft.

M

Mineraldünger

→ Dünger, Seite 60.

Mulch

Kann bei Kübelpflanzen eingesetzt werden, ist aber nicht notwendig. Mulch besteht aus abgefallenen Blättern der Kübelpflanzen, angewelktem Rasenschnitt, Laub von Blättern und Büschen. Er wird auf die Oberfläche des Substrats gelegt. Die Mulchschicht schützt vor Austrocknung. Beim Bambus gibt Mulch aus den abgefallenen Blättern wichtige Nährstoffe (Kieselsäure) wieder an die Pflanze zurück.

O

Obstbäume im Kübel

Äpfel, Birnen, Schattenmorellen, Pfirsiche und Aprikosen gedeihen sehr gut in einem großen Pflanzkübel. Interessant sind Obstbäume, die an einem Stamm zwei oder sogar mehr Sorten tragen. Obstbäume im Kübel bleiben klein und blühen üppig. Für die Pflanzung im Kübel nur Pflanzen kaufen, die auf einer schwachwüchsigen Unterlage veredelt und als Spindel gezogen sind. Bei nicht selbstbefruchtenden Sorten zwei Bäume aufstellen, sonst bleiben die Früchte aus. Die Früchte haben normale Größe, reifen aber nur in kleiner Zahl. Reichere Ernten erhält man von Beerenhochstämmchen im Kübel. Beerensträucher und Obstbäume nur mit organischem Dünger versorgen; während der Blüte- und Reifezeit oft gießen.

P

Pestizide

Ist der Oberbegriff für alle chemischen Pflanzenschutzmittel, also Insektizide, Fungizide und Herbizide (Unkrautvernichtungsmittel).

Pflanzenbrühe

Als Vorbeugung und Abwehr gegen Schädlinge und Pilzerkrankung spritzen.
Zubereitung: 1 kg frische Kräuter oder 200 g getrocknete Kräuter in 10 l Wasser ansetzen und 24 Stunden stehenlassen. Danach 30 Minuten kochen, abkühlen, durchsieben und bald verwenden. Pflanzenbrühe mit der doppelten Wassermenge verdünnen. Nach diesem Rezept werden folgende Brühen hergestellt.
Anwendung:
Ackerschachtelhalmbrühe: Gegen Spinnmilben, Mehltau und Bodenpilze.
Rainfarnbrühe: Gegen Ungeziefer aller Art, vor allem gegen Milben und Raupen. Hilft auch gegen Mehltau und Rost.
Wermutbrühe: Gegen Blattläuse, Milben und Ameisen.
Farnkrautbrühe (Wurm- oder Adlerfarn): Unverdünnt vor dem Einräumen ins Winterquartier als Vorbeugung gegen Schild- und Schmierläuse.

Pflanzenjauche

Dient als zusätzliche Düngung zu Mineraldünger und organischem Dünger. Pflanzenjauchen regenerieren die Erde im Kübel, fördern vorhandenes Bodenleben und verhindern das Versalzen des Substrats, weil die Menge des Mineraldüngers halbiert werden kann.
Zubereitung: 1 kg Pflanzen mit Stengeln und Blättern grob zerkleinern, in 10 l Wasser in die Sonne stellen. Nach zwei bis drei Tagen tritt eine Gärung ein, dann täglich einmal gut umrühren. Gegen den unangenehmen Geruch eine Handvoll Steinmehl zugeben. Nach einer Woche ist die Pflanzenjauche fertig. Mit 9 Teilen Wasser vermischt auf das Substrat gießen. Nach diesem Rezept werden die nachfolgend genannten Pflanzenjauchen zubereitet.
Brennesseljauche: Wirkt ausgleichend für den Boden, fördert die Aufnahme von Stickstoff aus organischem Dünger und damit das Wachstum. Unterstützt die Chlorophyllbildung.
Beinwelljauche: Ist stark stickstoff- und kaliumhaltig. Für stark wachsende und reich blühende Pflanzen.

Pflanzennamen

Pflanzen werden, wie andere Lebewesen auch, in einem botanischen System aufgrund bestimmter Merkmale einander zugeordnet, damit man sie richtig bestimmen und benennen kann. Die erste Gruppierung ist die Ordnung, die nächste ist die Familie. Eine Familie besteht in der Regel aus mehreren Gattungen, eine Gattung aus mehreren Arten, eine Art aus mehreren Sorten. Bei Kulturpflanzen sind Sorten fast immer Züchtungen (Kultivare).

Zum Beispiel die Namensordnung (Nomenklatur) des Oleanders:
Familie: Apoxynaceae (Hundsgiftgewächse)
Gattung: Nerium
Art: Nerium oleander
Von dieser Art gibt es viele verschiedene Sorten mit unterschiedlichen Blütenfarben und -formen.

Pflanzenschutzamt

Das Pflanzenschutzamt beziehungsweise die Pflanzenschutz-Beratungsstelle gibt kostenlos Auskunft über Schädlinge und Krankheiten von Pflanzen. Einen befallenen Teil der Pflanze zur Beratung mitbringen. Die Adressen stehen im Telefonbuch unter »Landwirtschaftsamt«.

Pflastern

Runder, gepflasterter Platz für eine Solitärpflanze im Garten:
Platz anlegen: Mit Schnur und Pflock im gewachsenen Boden einen Kreis ziehen und genau abstecken.
Boden vorbereiten: 5 bis 8 cm tief ausstechen, sauber einebnen und Sand einfüllen. Sehr lockeren Boden so tief ausgraben, bis die feste Bodenschicht erreicht ist, dann Kies oder groben Sand einfüllen und feststampfen. Darauf etwa 5 bis 8 cm Sand schütten, mit einem Brett ebnen.
Steine verlegen: Pflastersteine aus Granit oder Beton, Mauer- oder Dachziegel in das Sandbett legen. Stets von innen nach außen arbeiten, dabei eine Wasserwaage benutzen. Nach innen darf sich der Platz nicht neigen; leichte Neigung nach außen von 1,5%.
Steine gut mit einem Holzhammer festklopfen. Wird ein normaler Hammer verwendet, ein Holzstück zwischen Stein und Hammer legen, damit die Steine nicht zerspringen.
Sind alle Pflastersteine verlegt, Sand auf die gesamte Fläche streuen und mit dem Gartenschlauch Wasser in die Fugen einspülen. Diesen Vorgang mehrmals wiederholen, bis alle Fugen dicht mit Sand gefüllt sind.

Gepflasterter Stellplatz.

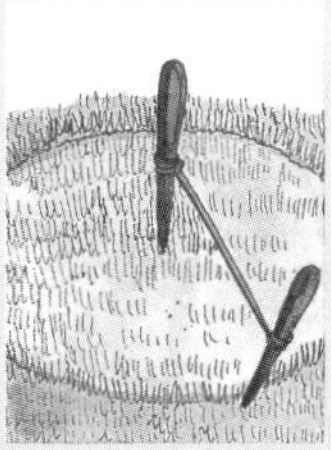

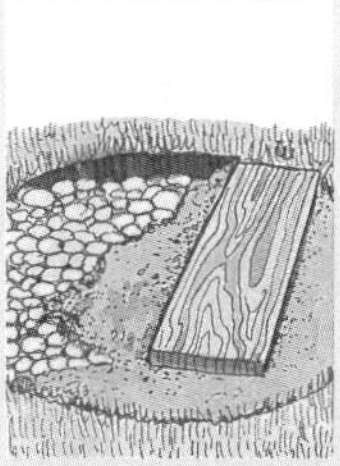

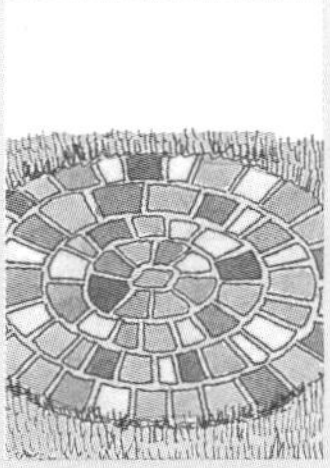

Kreis genau abstecken. Rasen 5 bis 8 cm tief ausstechen, Erde einebnen und mit Sand bedecken. Pflasterstein in das Sandbett setzen.

Photosynthese

→ Chlorophyll, Seite 60.

pH-Wert

Ob ein Boden alkalisch, neutral oder sauer ist, kann man durch die Messung des pH-Wertes feststellen. Dafür eine Handvoll Erde aus dem Kübel in einem Glas Wasser gut umrühren und mit einem Indikationsstäbchen (aus Apotheke oder Gartencenter) messen.
Werte:
Alkalisch: pH-Werte über 7,5
Neutral: pH-Werte von 7,5–6
Schwach sauer: pH-Werte von 6–5
Sehr stark sauer: pH-Werte unter 4,5
Böden mit niedrigem pH-Wert (unter 5,5) verschlämmen – speziell im Kübel – leicht und sind deshalb auch schlecht durchlüftet.
Neutrale Werte bedeuten guten Nährstoffabbau und gute Verwertung durch die Pflanze.
Bei zu hohen pH-Werten werden die Spurenelemente nicht mehr verwertet; Erde unter Umständen teilweise austauschen, auf keinen Fall mehr kalken.
Bei zu niedrigen pH-Werten: Boden leicht kalken.

Plastikkübel streichen

Dunkle Plastikkübel erhalten durch einen Farbanstrich ein freundlicheres Aussehen.
Kübel, auch wenn er neu ist, mit Seifenwasser gründlich waschen. Nach dem Abtrocknen mit geeignetem Schleifpapier Außenseite aufrauhen, danach mit Nitro-Verdünner gut abwaschen, sonst hält später die Farbe nicht. Mit einem farbigen Acryllack, der wasserlöslich und ungiftig ist, streichen. Den Lack 2 Stunden trocknen lassen. Wenn er nicht ganz deckt, nochmals streichen.

Pyramiden schneiden

Immergrüne Pflanzen kann man zu Pyramiden schneiden, sie nehmen dann weniger Platz in Anspruch. Die Pflanze einige Jahre buschig heranwachsen lassen, dann mit Hilfe einer Schere und einer Schablone in Form schneiden. Wenn die Triebe aus der Form herauswachsen, wieder entspitzen.

Mit einer Schablone kann eine immergrüne Pyramide gleichmäßig geschnitten werden.
Herstellung: Zwei schmale Holzlatten oder Streifen aus festem Karton an je einem Lattenende so zusammenschrauben, daß sie sich gegeneinander bewegen lassen. Dann den Winkel einstellen, nach dem die Pyramide geschnitten werden soll. Grundlage dafür ist die Breite der Pflanze an der Basis. Nach dem Einstellen des Winkels die Latten mit einer Querlatte stabilisieren, dazu dünne Stifte einnageln. Die untere Latte an den Kübel stellen, die Schablone mit dieser Latte rund um die Pflanze bewegen, und über der oberen Latte schneiden.

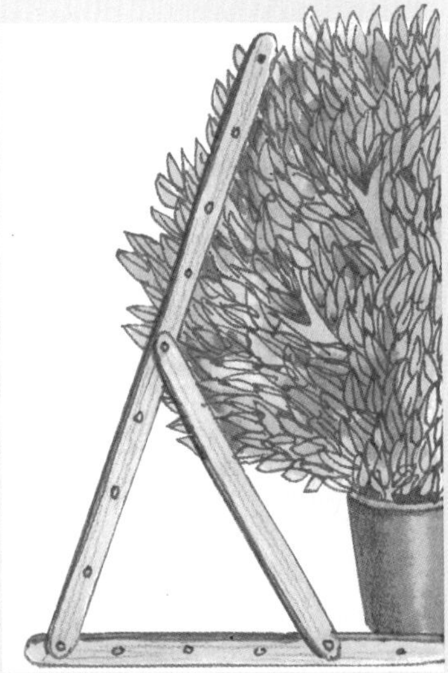

Pyramiden-Schablone.
Holzlatten zusammenschrauben. Die Schablone rund um die Pflanze führen. Über der oberen Latte schneiden.

R

Rainfarnbrühe

Anwendung und Herstellung
→ Pflanzenbrühe, Seite 66.

Regenwürmer

Manchmal in nährstoffreichem gesundem Boden in sehr großen Kübeln zu finden. Sie schaden den Pflanzen überhaupt nicht! Im Gegenteil, sie lockern durch ihre Kriechgänge das Substrat und versorgen es mit wichtigen Spurenelementen.
Aber: Regenwürmer brauchen Nahrung. Also immer etwas ausgezupftes Unkraut, Laub oder Grasschnitt auf die Oberfläche des Substrats legen.

Rollbrett

Mit einem Rollbrett lassen sich auch große Pflanzen leicht transportieren.
Herstellung: Eine stabile Holz- oder Preßspanplatte, etwas größer als der Pflanzkübel, an der Unterseite durch aufgeschraubte Leisten in Z-Form verstärken. Oder stabile, gehobelte Bretter auf Längs- und Querlatten in Z-Form schrauben (→ Zeichnung rechts). Unter die vier Enden der Verstärkungsleisten je eine Möbelrolle (nicht zu klein) schrauben.
Achtung: Preßspan verträgt keine Nässe, deshalb Oberfläche lackieren oder beschichten.

Rollbrett.
Erleichtert den Transport von Kübelpflanzen. An der Unterseite Verstärkungsleisten in Z-Form anschrauben und vier stabile Möbelrollen daran anbringen.

Rosen veredeln

Wenn man Rosen-Hochstämmchen selbst gestalten will:
Als Unterlage, das heißt als Stamm, dient ein kräftiger Trieb mit Wurzeln von der Apfelrose *(Rosa rugosa)*, 90 bis 120 cm hoch. Diese Unterlage am besten in einem Gartenbau-Fachgeschäft kaufen. Von einer Edelrose oder – interessanter – einer Bodendeckerrose einen kräftigen Trieb im August bis September abschneiden. Der Trieb muß abgeblüht und darf nicht zu stark verholzt sein. Blätter abschneiden, daß nur noch ein Teil der Blattscheide (Stiel des Blattes) stehenbleibt. Dahinter sitzt das Auge. Mit einem scharfen Messer das Auge mit einem Rindenstück oval aus dem Trieb schneiden. Das Stück soll an seiner stärksten Stelle etwa ein Drittel so dick wie der ganze Trieb sein.
Die Wundstelle nicht mit den Fingern berühren! Am oberen Ende des Stämmchens – wenn es noch Triebe hat, unter diesen – in die Rinde einen T-förmigen Einschnitt machen, am besten mit einem speziellen Okuliermesser oder mit einem sehr scharfen

Taschenmesser. Der senkrechte Schnitt ist 2 bis 3 cm lang, der waagerechte 1 cm. Die Rinde vorsichtig ablösen und zur Seite klappen. Von oben das ovale Schild mit dem Auge einschieben. Oberhalb und unterhalb des Auges das Schild mit Bast festbinden, das Auge bleibt frei. Wenn sich das Auge zu entwickeln beginnt, also austreibt, kann der Bast entfernt werden. Das wird erst im nächsten Frühling der Fall sein. Auf eine Unterlage für ein Rosen-Hochstämmchen setzt man 3 bis 4 Augen.

S

Schachtelhalmbrühe

Anwendung und Herstellung → Pflanzenbrühe, Seite 66.

Schnelle Kübelpflanzen

Für Ungeduldige: In große Kübel große, im Zimmer vorgezogene Gartenpflanzen setzen: Zum Beispiel: hohe Dahlien, Sonnenblumen, Rittersporn, Eisenhut und Astern in verschiedenen Farben. Keine Pflanzen mit Pfahlwurzeln verwenden, sie gedeihen im Kübel nicht gut.
Schnelle Kletterer: An kahlen, in einen Kübel gesteckten Baumästen schnelle Kletterer ranken lassen, wie Prunkwinde, Glockenrebe, rankende Wicken oder Hopfen. Diese Kletterer bedecken den Ast in wenigen Wochen dicht mit Blättern, Blüten und Ranken, das wirkt wie ein kleiner Baum. Bei wenig Platz können die schnellen Kletterer auch an einem Gerüst gezogen werden.
Schnelle Exoten: Schnellwachsende exotische Pflanzen im Zimmer vorziehen und draußen weiterwachsen lassen. Beispiele dafür: Baumtomate, Baumwolle und Banane.
Alle schnellen Kübelpflanzen müssen oft gedüngt und viel gegossen werden.

Seifenlösung

Gegen Blattläuse und Spinnmilben.
Herstellung: 1 Eßlöffel reine Schmierseife mit 1 l heißem Wasser gut vermischen, abkühlen lassen und die Pflanze gründlich damit besprühen. Stärkere Mischung schadet den Pflanzen! Nicht bei Sonnenschein sprühen; nach einer Stunde wieder abwaschen.

Seifen-Spiritus-Lösung

Gegen Blatt- und Schildläuse.
Herstellung: 1 Eßlöffel reine Schmierseife + 1 Teelöffel Spiritus mit 1 l Wasser vermischen. Pflanze gut einsprühen, auch die Blattunterseiten. Nach einer Stunde abwaschen.

Sorte

→ Pflanzennamen, Seite 66.

Staunässe

Ist der häufigste Grund für das Eingehen von Topf- und Kübelpflanzen. Wenn im Pflanzgefäß Abflußlöcher fehlen oder diese verstopft sind, bildet sich nach dem Gießen und bei Regen Staunässe. Dasselbe passiert, wenn die Töpfe in Übertöpfen ohne Abflußlöcher stehen. Bei Staunässe wird das Substrat durchnäßt, es enthält keinen Sauerstoff mehr. Die Wurzeln faulen.
Vorbeugung: Eine gute Drainage im Kübel (→ Seite 20).

Steckling

Krautiger oder verholzter Trieb, je nach Pflanzenart bis zu 20 cm lang, mit dem die Pflanze vermehrt wird (→ Vermehrung, Seite 48).

Substrat

Die Erde im Kübel wird auch Substrat genannt. Je nach Pflanzenart werden verschiedene Substrate oder Substratmischungen verwendet (→ Substrate, Seite 25).

Systemische Schädlingsbekämpfungsmittel

Insektizide auf Phosphorsäure-Ester-Basis, die in das Substrat gegossen werden. Die Wurzeln nehmen das Mittel auf und führen es über die Leitbahnen in alle Pflanzenteile. Der das Insektizid enthaltende Zellsaft wird von saugenden und beißenden Schädlingen aufgenommen, wodurch diese vernichtet werden. Nützlinge bleiben verschont. Weiterer Vorteil: Systemische Mittel können in geschlossenen Räumen angewandt werden, etwa bei Kübelpflanzen, die in Wohnräumen oder im Wintergarten überwintern. Bei Pflanzen, die Winterruhe in einem kühlen Raum halten, ist das Mittel wirkungslos: Die Wirkstoffe werden nur sehr langsam oder gar nicht in die Blätter befördert. Schildläuse im Winterquartier können leider so nicht bekämpft werden. Systemische Mittel sind für Kübelpflanzen zu empfehlen. Darauf achten, daß Haustiere an diesen Pflanzen nicht knabbern (→ Krankheiten und Schädlinge, Seite 43).

T

Tauchbad

Bei Ballentrockenheit hilft nur ein Tauchbad: Der Kübel wird bis über den Rand in ein großes Gefäß mit warmem Wasser gestellt. Das Substrat ist wieder gut durchfeuchtet, wenn keine Luftbläschen mehr aufsteigen (→ Ballentrockenheit, Seite 59).

TKS

Torfkultursubstrate im Handel (→ Substrate, Seite 25).

Torfmull

Das ist ungedüngter reiner Torf, der, unter das Substrat gemischt, der Speicherung von Wasser dient (→ Substrate, Seite 25).

U

Unkraut

Wenn Kompost aus dem Garten unter das Substrat gemischt wird, gehen viele Unkrautsamen auf. Das Unkraut ausreißen und auf die Oberfläche des Substrats legen. Es wirkt als Schutz gegen Verdunstung und wird allmählich von den Mikroorganismen im Boden zu Humus verwandelt. »Hübsches Unkraut« wie Kamille, Ringelblumen und versamte Küchenkräuter stehenlassen!

Unterpflanzung

Pflanzen, die direkt in den Kübel gesetzt werden, müssen die gleichen Nahrungsansprüche wie die Kübelpflanzen haben (keine Pantoffelblumen unterpflanzen, da düngerempfindlich). Auch auf die Lichtansprüche der Unterpflanzen achten! (Hängegeranien und Petunien zum Beispiel brauchen viel Sonne.) Gut geeignete Unterpflanzen sind Hängepflanzen wie Asparagus, Efeu (grün oder gefleckt), Efeutute, Hängebegonie, Hängefuchsie, Hängenelke, Iresine (rot), Lobelie, Mottenkönig, Pfeffer, Sanvitalia (Zwergsonnenblume), Tradeskantie und Zebrakraut.

Urlaubsmitbringsel

Will man aus dem Urlaub Stecklinge von wildwachsenden Pflanzen mitnehmen oder bekommt man dort Stecklinge geschenkt, so gilt:
Mit scharfem Messer abschneiden, nicht abreißen. Schnittstelle etwas antrocknen lassen, Steckling in feuchte, nicht nasse, Papiertaschentücher wickeln. In einer Plastiktüte nach Hause transportieren.
Stecklinge möglichst am letzten Urlaubstag schneiden, mehr als drei bis vier Tage überleben sie in der Plastiktüte nicht.
Zu Hause nochmals anschneiden und ins Wasser stellen. Sobald sie sich erholt haben, in ein Erde-Sand-Gemisch pflanzen.
Achtung: Bei Mitbringseln aus dem Ausland beachten: Nach dem Artenschutzgesetz dürfen Stecklinge von geschützten Pflanzen nicht ausgeführt werden. Im Zweifelsfall also lieber beim Gärtner am Urlaubsort kaufen. Fragen Sie auch, ob nicht irgendwelche amtlichen Bescheinigungen für die Ausfuhr nötig sind.

Überwinterung im Wohnzimmer

Einige Kübelpflanzen können gut im Wohnzimmer überwintert werden, wenn sie einige Wochen vor dem ersten Frost ins Haus genommen werden. Die Pflanzen dann den Winter über wie Zimmerpflanzen pflegen.
Überwintern im Wohnzimmer können:
Agave *(Agave americana)*,
Aukube (Goldorange, *Aucuba japonica)*,
Bougainvillea *(Bougainvillea glabra)*,
Dattelpalme (Phoenixpalme, *Phoenix canariensis)*,
Hanfpalme *(Trachycarpus fortunei)*,
Hibiskus (Roseneibisch, *Hibiscus rosa-sinensis)*,
Jasmin *(Jasminum mesnyi* und *Jasminum sambac)*,
Lorbeer *(Laurus nobilis)*,
Oleander *(Nerium oleander)*,
Olivenbaum *(Olea europaea)*,
Orangenbaum *(Citrus sinensis)*,
Yucca *(Palmlilie)*,
Zitronenbaum *(Citrus limon)*.

V

Vegetationsdauer

Die Zeit, in der eine Pflanze treibt, blüht und fruchtet und schließlich die Blätter verliert, wird Vegetationsdauer oder Vegetationsperiode genannt. Sie ist bei vielen Kübelpflanzen verkürzt, weil diese Pflanzen der sehr viel länger dauernden warmen Jahreszeit ihrer Heimat in den Tropen oder Subtropen angepaßt sind. Die Vegetationsdauer kann durch Vortreiben in einem Glashaus und durch Überwinterung in einem Wintergarten bei vielen Pflanzen um Wochen oder Monate verlängert werden. Pflanzen, die bei Überwinterung in einem geheizten Wintergarten (Warmhaus) blühen.

Verjüngungsschnitt

Kübelpflanzen, die schon älter sind und im unteren Bereich zu verkahlen drohen, können nach einem Verjüngungsschnitt wieder grün und buschig werden (→ Auslichtungsschnitt, Seite 58).

Verkahlen

Wenn Kübelpflanzen verkahlen, kann das verschiedene Ursachen haben. Pflanzen, die in zu kleinen Kübeln stehen und deshalb zuwenig Nahrung und Wasser bekommen, werfen oft ihre Blätter ab. In ein größeres Gefäß umtopfen.
Bei Strauchmargeriten verkahlen oft überreich blühende Pflanzen. Die Hälfte aller Blüten und Knospen – in schweren Fällen sogar alle – abschneiden und die Pflanze kräftig nachdüngen. Bei älteren Pflanzen hilft ein Verjüngungsschnitt.
Wenn Kübelpflanzen durch einen Hagelschlag kahl werden, erholen sie sich – bis auf wenige immergrüne – erstaunlich schnell.

Verkleidung für Pflanzkübel

Eine Möglichkeit, häßliche, aber praktische Kunststoffkübel zu verstecken: Umfang des Kübels messen; 4 cm breite, dünne Holzlatten in der Höhe des Kübels zuschneiden. Weiß lackieren oder farblos imprägnieren. Die Latten in geringem Abstand (0,5 cm) nebeneinander legen, bis die Länge der Lattenreihe dem Umfang des Kübels entspricht. Im oberen und unteren Drittel der Latten Elektrolitze oder Rolladenband mit Polsternägeln annageln oder mit Klammern antackern. An beiden Enden überstehen lassen. Klammern eventuell leicht mit dem Hammer festklopfen. So die »Holzschürze« um den Kübel legen, Litze oder Bandende zusammenbinden. Beim Einräumen ins Winterquartier Manschette abnehmen und zusammengerollt aufbewahren.

Verkleidung für Pflanzenkübel. Dünne Holzlatten mit Hilfe von Elektrolitze oder Rolladenband miteinander verbinden.

W

Wachstumsdauer

→ Vegetationsdauer, Seite 70.

Warmhaus

Gewächshaus oder ein Wintergarten, in dem im Winter ständig geheizt wird und in dem die Temperaturen nicht unter 15 °C absinken. Hier überwintern Pflanzen, die auch im Winter weiterblühen. Kübelpflanzen, die bei Überwinterung im beheizten Wintergarten oder Gewächshaus blühen:
Durchgehend blühen zum Beispiel
Datura (Engelstrompete, *Datura sanguinea*, rot-gelb blühende Art),
Hibiskus (Roseneibisch, *Hibiscus rosa-sinensis*),
Jasmin (nur *Jasminum sambac*),
Orangenbaum (*Citrus sinensis*), blüht und trägt Früchte,
Schönmalve (*Abutilon*),
Strauchmargerite (*Chrysanthemum frutescens*),
Tibouchina,
Zitronenbaum (*Citrus limon*), blüht und trägt Früchte.
Bis Dezember blüht
Hammerstrauch (*Cestrum*).
Bis Januar blüht
Kassie (Gewürzrinde, Zimtbaum, *Cassia*).
Ab Februar blüht
Rosmarin (*Rosmarinus officinalis*).
Ab März blüht
Jasmin (nur *Jasminum mesnyi*).

Wassergarten im Kübel

Dekorativ zwischen Kübelpflanzen wirkt ein Wassergarten im Kübel: Wasserdichtes Gefäß (100 l-Mörtelkübel, ein wasserdichtes, mit Folie ausgeschlagenes Holzfaß, eine Badewanne oder ähnliches) an vorgesehenen Platz stellen.
Eine dicke Schicht ungedüngter Erde mit etwas ungedüngtem Torf vermischt einfüllen. Dünger läßt das Wasser schnell veralgen! Darauf eine dünne Schicht Kieselsteine legen (hält die Erde fest). Bis knapp über die Erdschicht langsam Wasser einlaufen lassen, dann bepflanzen. Geeignet sind kleinwüchsige Wasserpflanzen wie Zwergseerosen, Sumpfiris, Binsen, Zwergrohrkolben. Nach dem Bepflanzen langsam Wasser bis 10 cm unter

den oberen Rand des Gefäßes einlaufen lassen. Am Anfang ist das Wasser trüb, es reinigt sich aber im Laufe weniger Wochen von selbst. Wassergarten nicht in die volle Sonne stellen, auch nicht unter einen Baum (Blätterabwurf). Winterharte Wasserpflanzen können im Kübel draußen bleiben.

Wasserhärte

Die Wasserwerke geben Auskunft über den Härtegrad des Leitungswassers (Angaben in dH = deutsche Härtegrade).
Weich ist Wasser bis 7 °dH.
Mittelhart (norma) ist es von 7 bis 14 ° dH.
Hart ist Wasser mit einer Härte von über 21 ° dH; es ist für Pflanzen nicht gut geeignet und sollte deshalb enthärtet werden (→ Weiches Wasser, Seite 72).
Hinweis: Je höher die Zahl des Härtegrades, desto kalkhaltiger ist das Wasser.

Weiches Wasser

Ist das Leitungswasser für Zimmer- und Kübelpflanzen zu hart, muß es weicher gemacht werden. Enthärten durch Abkochen, Filtern oder Ionenaustauscher lohnt sich bei großen Mengen nicht.
Wasser enthärten: Regentonne mit Leitungswasser füllen, einen Mullbeutel (Stoffwindel, Nesseltuch, ein Nylonstrumpf genügt auch) mit ungedüngtem Torf (Torfmull) fest füllen und in die Tonne legen (→ Zeichnung Seite 61). Nach einigen Tagen hat der Torf den Kalk neutralisiert. Den Torf alle vier Wochen auswechseln.

Wermutbrühe

Anwendung und Herstellung → Pflanzenbrühe, Seite 66.

Windschutz

Er ist notwendig, wenn es auf dem Balkon zieht.
Teuer, aber nützlich: eine bruchfeste Glasscheibe.
Billig und nützlich: ein beranktes Gerüst aus gehobelten Latten oder Bambusstangen bauen und an der Schmalseite des Balkons gut verankern. Oder: Verzinkten Draht oder Schnüre waagerecht oder senkrecht mit eingedübelten Haken spannen. In Kübel oder Blumenkästen schnelle Ranker oder Kletterer pflanzen: Feuerbohnen, Schwarzäugige Susanne, Prunkwinde oder Knöterich. Für schwere, dauerhafte Ranker Baustahlmatte verankern und vor dem Bepflanzen zuerst mit Rostschutzfarbe streichen, dann schwarzen oder weißen Lack aufbringen.

Wurmkompost

Wurmkompost regeneriert verbrauchte Erde, er wirkt wie konzentrierter Humus. Beim Ein- oder Umtopfen gibt man ihn im Verhältnis 1 : 10 zum Substrat; bei großen Pflanzen auf die Oberfläche des Substrates ausstreuen.
Wurmkompost stärkt die Zellwände der Pflanzen, Blattläuse können sie kaum schädigen, meiden deshalb mit Wurmkompost gedüngte Pflanzen. Saure Böden werden neutralisiert. Wurmkompost ist reich an Phosphat, Kalium und Mineralstoffen und enthält außerdem langsam verfügbaren Stickstoff. Die Pflanzen werden nicht mastig. Sie wachsen zwar etwas langsamer, aber dafür sehr dicht.
Mit Wurmkompost versorgte Pflanzen brauchen nur etwa halb soviel Mineraldünger und so gut wie nie Extragaben von Kalium. Wurmkompost darf nicht an Pflanzen gegeben werden, die keinen Kalk vertragen: zum Beispiel Citrusgewächse.
Wurmkompost gibt es fertig zu kaufen. Bei vielen großen Kübelpflanzen lohnt es sich, Wurmkompost selbst herzustellen:
Zutaten: Im Versandhandel Kompostwürmer (Tennessee-Wiggler, Eisenia foetida oder Rotwurm, Lumbricus rubellus) bestellen.
Wurmkompost ansetzen: Auf Balkon oder Terrasse etwa 500 Würmer in einer Wurmkiste (90 cm lang, 60 cm breit, 30 cm hoch) oder einem alten Mülleimer, Plastikwanne oder ähnlichem aussetzen. Den Boden des Gefäßes mit etwas Erde und grob zerkleinertem, eingeweichtem Zeitungspapier und alten Eierkartons belegen; darauf Küchenabfälle wie Gemüse (roh), Obstschalen, etwas Fett, Fleischreste und Brotkrümel geben. Das Gefäß dann mit gelochter schwarzer Folie bedecken. Täglich neue Nahrung zuführen, einmal in der Woche leicht gießen.
Ist die Kiste voll Wurmkompost, die Würmer, die sich inzwischen kräftig vermehrt haben, in die nächste Kiste umsetzen. Sie beginnen dann von neuem mit der Produktion von Wurmkompost.

Datura (Engelstrompete). Gelbblühende Sorten haben besonders große behaarte Blätter, die Blüten können bis zu 30 cm lang werden.

Agaven sind sehr anspruchslos.

Aukube mit gelbgefleckten Blättern.

Agave
Agave americana

Anspruchslose, leicht zu pflegende Solitärpflanze mit fleischigen, langen, graugrünen Blättern, die sich aus einer am Boden aufliegenden Blattrosette entwickeln. Es gibt auch Sorten mit gelben oder weißen Blatträndern. In warmen Gegenden entwickeln die Pflanzen meterhohe Stengel mit Hunderten von Blüten in Büscheln, sie sterben nach der Fruchtreife ab. Bei uns ist das bestenfalls in botanischen Gärten zu beobachten.
Herkunft: Mexiko.

Standort: Volle Sonne.
Substrat: Humus-lehmige Erde mit etwas Sand.
Wasser: Einmal wöchentlich gießen.
Düngen: Alle 6 Wochen mit Volldünger.
Umtopfen: Nur, wenn der Topf zu klein geworden ist.
Krankheiten, Schädlinge: Keine.
Überwinterung: Die Pflanzen hell bis 15° oder dunkel bei 5° bis 10 °C stellen.
Vermehrung: Durch Kindel (→ Grünteil, Seite 64).
Mein Tip: Beim Umstellen ins Winter- oder Sommerquartier Korken auf die spitzen Blattenden stekken.
Warnung: Verletzungsgefahr an den nadelspitzen Blattenden der Pflanze.

Aukube Goldorange
Aucuba japonica

Anspruchsloser, immergrüner Strauch, der bis zu 3 m hoch werden kann. Unempfindlich gegen Abgase, daher gut für die Stadt geeignet. Charakteristisch sind die sich gabelförmig verzweigenden grünen Äste und die glänzenden Blätter, die bei einigen Sorten gelb gefleckt sind. Die rötlichen Blüten sind unscheinbar. Leuchtendrote Beeren schmücken ältere Pflanzen von Oktober bis ins Frühjahr.
Herkunft: Japan, Taiwan, Korea.

Standort: Schattig.
Substrat: Lehmige Gartenerde.
Wasser: Der Wurzelballen darf nicht austrocknen.
Düngen: Alle 4 Wochen mit Volldünger.
Umtopfen: Ältere Pflanzen alle 2 bis 4 Jahre.
Krankheiten, Schädlinge: Ascochyta (→ Seite 45). Im Winterquartier Schildläuse.
Überwinterung: Verträgt Frost bis –10 °C, kann also erst im November ins Winterquartier und Anfang April wieder ins Freie.
Vermehrung: Durch Stecklinge von Februar bis August; in möglichst warmen Boden (Temperaturen von 20 bis 22 °C) setzen.
Warnung: Die Beeren sind leicht giftig.

ambus (Fargesia) im Kübel.

Bambus
Bambusoideae

Viele Bambusarten eignen sich für den Kübel, wirken darin sogar besonders reizvoll. Alle Arten sind immergrün, die meisten vertragen kurzfristig auch starken Frost. Die zarten, hell- oder dunkelgrünen Blätter sitzen an sehr schönen Halmen, sie sind je nach Art grün, gelb, schwarz, gefleckt oder sogar gestreift. Bambus wirkt am schönsten als Solitärpflanze oder in Gesellschaft anderer Bambuspflanzen. Bambus wird im Kübel ziemlich dicht und bis zu 3 m hoch. Für die Pflanzung im Kübel eignen sich alle Arten mit nicht zu dicken Halmen, die sich schön neigen, wie zum Beispiel *Sinarundinaria (Fargesia), Arundinaria hookerana, Pseudosasa japonica.* Es ist Geschmackssache, ob man Bambus sehr dicht wachsen läßt oder jedes Jahr die älteren Halme ausschneidet. Ein dichter Bambus dient als Sichtschutz, während bei ausgelichteten Sträuchern Halme und Blätter dekorativer wirken.
Herkunft: Asien.
Standort: Halbschattig bis sonnig, vor Wind geschützt.
Substrat: ½ lehmige Gartenerde, ½ Kompost.
Wasser: Täglich reichlich gießen. Wenn sich die Blätter einrollen, muß sofort gegossen werden.
Düngen: Volldünger je einmal im April, Juni und August. Dann nicht mehr düngen.
Umtopfen: Größere Pflanzen nur dann, wenn das Pflanzgefäß bis an den Rand mit Trieben und Wurzeln besetzt ist. Dann auch Wurzelballen teilen.
Krankheiten, Schädlinge: Keine.
Überwinterung: Kann bis zu –10 °C im Freien bleiben, in Erde eingegraben sogar den ganzen Winter über. Im Haus muß Bambus sehr hell und kühl stehen und regelmäßig gegossen werden.
Vermehrung: Durch Teilung: Zu groß gewordene Rhizome (Wurzelstöcke) mit einer Axt oder einem scharfen Spaten in drei bis vier Teile trennen.
Wichtig: Gelbe Blätter im Frühjahr nicht auszupfen, man zerstört dabei die sich bildenden neuen Blätter. Abgefallene Blätter und Halmscheiden auf das Substrat legen.
Mein Tip: Schneiden Sie bei einem erfrorenen Bambus niemals alle Halme ab. Warten Sie damit in jedem Fall bis zum Mai ab. Oft treiben auch aus vermeintlich »toten« Halmen wieder Blätter aus.

Bleiwurz blüht blau, weiß oder rosa.

Die zarten Blüten stehen an den Triebenden.

Bleiwurz
Blaue Geranie
Plumbago auriculata

Im Widerspruch zu ihrem schwerfälligen Namen ist die Bleiwurz ein filigraner, bis zu 1,5 m hoch werdender Strauch, den man in vielerlei Gestalt ziehen kann: als Ampelpflanze, am Spalier und sogar als Kronenbäumchen. Vom Juli bis zum Herbst blüht die Bleiwurz unermüdlich, auch in klimatisch ungünstigen Lagen. Ihre Blüten sind hellblau oder weiß – selten rosa – und sitzen an kurzen Ähren mit Widerhaken. Durch diese Widerhaken fällt Verblühtes nicht ab, sondern bleibt aneinander haften. So muß Abgeblühtes immer ausgezupft werden. Vorsicht bei den langen Neutrieben, sie brechen leicht ab.

Herkunft: Südafrika.

Standort: Sonnig, verträgt aber auch Halbschatten; vor Wind schützen.

Substrat: Lehmige Gartenerde mit ⅓ Kompost oder TKS 2.

Wasser: Täglich gießen. Vor allem während des Wachstums im Frühjahr reichlich.

Düngen: Alle 4 Wochen mit Volldünger, am besten mit Guano.

Umtopfen: Jüngere Pflanzen alle 2 Jahre mit leichtem Wurzelrückschnitt; ältere Pflanzen alle 10 Jahre.

Krankheiten, Schädlinge: Blattläuse an den Jungtrieben.

Überwinterung: Triebe beim Einräumen um ein Drittel zurückschneiden. Bei 5 bis 15 °C trocken und nicht sehr hell überwintern; dabei fallen die Blätter ab. Ab März im Zimmer vortreiben.

Vermehrung: Durch krautige Stecklinge im Mai/Juni und halbreife Stecklinge ohne Blütenansätze mit Zunge im August.

Wichtig: Durch Entspitzen (→ Grünteil, Seite 61) wird die Pflanze buschiger. Da aber die Blüten an den Triebenden stehen, kann sich die Blüte lange hinauszögern oder ganz ausbleiben. Die Kronen von Hochstämmchen und Pyramiden müssen ständig in Form geschnitten werden.

Mein Tip: Blühender *Plumbago* wird unansehnlich, wenn er verregnet. Stellen Sie ihn deshalb an einen regengeschützten Platz.

Bougainvillea glabra, die Robuste für draußen.

Bougainvillea
Bougainvillea glabra

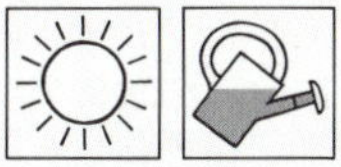

Zur Kübelpflanze eignet sich nur die Sorte *Bougainvillea glabra.* An einem windgeschützten Platz kann sie am Spalier oder an einem stützenden Gerüst bis zu 3 m hoch werden. Alle anderen Sorten sind im Zimmer oder im Wintergarten besser aufgehoben.
Herkunft: Brasilien.
Standort: Sehr warm, vollsonnig.
Substrat: Einheitserde.
Wasser: Nimmt zuviel und zuwenig Wasser übel.
Düngen: Vom Frühjahr bis zum August einmal wöchentlich mit Volldünger.
Umtopfen: Alle 2 bis 4 Jahre.
Krankheiten, Schädlinge: Blattläuse, Bodenpilze.
Überwinterung: Im Zimmer oder Wintergarten blüht die Bougainvillea bis Weihnachten weiter. Sonst kühl (bis 15 °C) und hell stellen; bei Laubabfall nicht mehr gießen.
Vermehrung: Schwierig. Durch Stecklinge mit Zunge im März/April oder durch halbreife Stecklinge im August.
Wichtig: Um möglichst früh Blüten zu erhalten, kleinere Pflanzen an einem vollsonnigen Fenster vortreiben. Abgehärtete ältere Pflanzen so zeitig wie möglich ins Freie stellen. Bei drohenden Nachtfrösten wieder ins Zimmer bringen.
Mein Tip: Kronenbäumchen, blühen nicht so üppig.

Brautmyrte, das immergrüne Laub duftet aromatisch.

Buchsbaum, nostalgisch geschnitten.

Brautmyrte
Myrtus communis

Schon im Altertum zu kultischen Zwecken und in der Medizin verwendet, gehört die Myrte zu den ältesten Zimmer- und Kübelpflanzen überhaupt. Vom Juni bis in den Herbst hinein schmücken kleine, weiße Blüten den buschigen Strauch, den man auch zum Kronenbäumchen heranziehen kann. Aus diesen Blüten entwickeln sich – je nach Sorte – erbsengroße, blauschwarze oder weiße Beeren. Das immergrüne Laub hat einen aromatischen Duft. Es gibt Sorten mit grünen oder weißbunten Blättern.

Herkunft: Mittelmeergebiet.
Standort: Sonnig und warm, gedeiht auch im Halbschatten.
Substrat: ½ Laubkompost, ½ Gartenerde, auf jeden Fall kalkarm.
Wasser: Zweimal wöchentlich mit Regenwasser oder entkalktem Wasser gießen.
Düngen: Im Frühjahr einmal mit Volldünger.
Umtopfen: Alle 2 bis 4 Jahre.
Krankheiten, Schädlinge: Schild- und Blattläuse.
Überwinterung: Hell, luftig, bei 5 bis 20 °C.
Vermehrung: Durch halbreife Stecklinge.

Buchsbaum ☠
Buxus

Der sehr anspruchslose, immergrüne Busch mit den kleinen glänzenden Blättern verträgt problemlos auch Auto- und Industrieabgase. Für Kübelpflanzen eignet sich vor allem der größerwachsende *Buxus sempervirens arborescens* mit dunkelgrünen Blättern; seltener findet man Varietäten mit gelb- oder weißpanaschierten Blättern.
In Kugelform geschnittener Buchs wirkt ausgesprochen nostalgisch.

Herkunft: Mittelmeerraum.
Standort: Sonnig bis schattig.
Substrat: ⅓ Kompost, ⅓ Gartenerde, ⅓ Sand.
Wasser: Zweimal wöchentlich gießen.
Düngen: Im Frühjahr mit Langzeitdünger und kalken.
Umtopfen: Nach Bedarf.
Krankheiten, Schädlinge: Schildläuse, Blattläuse, Rote Spinne.
Überwinterung: Hell und kühl.
Vermehrung: Durch Holzstecklinge.
Wichtig: Rückschnitt und Formschnitt im August.
Warnung: Alle Pflanzenteile, besonders aber die Blätter, enthalten hochgiftige Alkaloide.

Clematis-Sorte »Carnaby« als Windschutz am Spalier.

Clematis
Waldrebe

Mit Clematis-Hybriden läßt sich eine Wand oder ein Windschutz beranken. Clematis brauchen einen sehr großen Kübel, dann wachsen sie an einem Latten- oder Drahtgerüst in 2 bis 3 Jahren bis zu 4 m hoch. Am bekanntesten sind großblütige Clematis-Hybriden in Blau, Rot, Rosa oder Weiß; schneller wachsen Wildformen, etwa die rosa blühende *Clematis montana*. Sie sind auch unempfindlicher gegen Frost. An einer Südwand blüht die Clematis von Juni bis September.

Herkunft: Südeuropa und Asien.

Standort: Sonnig bis halbschattig.

Substrat: Einheitserde.

Wasser: An heißen Tagen täglich gießen.

Düngen: Während der Blüte alle 4 Wochen bis Ende August mit Volldünger.

Umtopfen: Schwierig, wegen der empfindlichen Ranken.

Krankheiten, Schädlinge: Schlechter Wuchs bei Überdüngung und Staunässe.

Überwinterung: Im Freien.

Vermehrung: Durch Absenker.

Wichtig: Clematis möchten einen schattigen Fuß, deshalb ständig mulchen.

Warnung: Alle Clematis-Arten und -Sorten enthalten hautreizende Stoffe.

Kann zu stattlicher Größe heranwachsen.

Blütenstand von Phoenix canariensis.

Dattelpalme
Phönixpalme
Phoenix canariensis

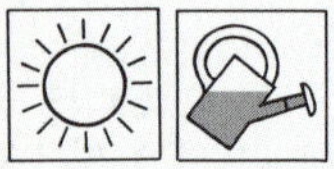

Weil sie bei guter Pflege sehr schnell zu einem breit ausladenden Exemplar heranwächst, ist die Kanarische Dattelpalme sehr beliebt. Allerdings macht die Größe der stattlichen Pflanze Schwierigkeiten beim Überwintern: Man findet im Haus kaum einen geeigneten Platz. Der geschuppte Stamm bleibt zwar, im Gegensatz zu dem der Echten Dattelpalme, relativ kurz. Aber die Wedel können 2 m lang werden. Diese sich schön biegenden Wedel sind mit 50 bis 60 Fiederpaaren besetzt, die sehr hart und in der Jugend glänzend grün sind. Am schönsten wirkt die Dattelpalme als Solitärpflanze im Garten oder auf einer ausreichend großen Terrasse. Dort kann ein ausgewachsenes Exemplar gut den Sonnenschirm ersetzen. Will man verhindern, daß die Dattelpalme sehr groß wird, düngt man nur wenig oder gar nicht und hält sie in einem kleinen Kübel.

Herkunft: Westafrika, Asien.
Standort: Sonnig.
Substrat: $\frac{2}{3}$ Lehmerde, $\frac{1}{3}$ Laubkompost oder Torf mit etwas Sand.
Wasser: Nur bei heißem Wetter täglich gießen.
Düngen: Einmal pro Woche mit Volldünger.
Umtopfen: Nur bei zu starker Durchwurzelung des Kübels. Dann den Wurzelfilz seitlich kräftig einkürzen und keinen wesentlich größeren Kübel verwenden.
Krankheiten, Schädlinge: Bei Staunässe Herzfäule, im Winter Schildläuse.
Überwinterung: Sehr hell. Im Wintergarten soll sie nicht über 15 °C und immer ein bißchen im Zug stehen. Sparsam gießen.
Vermehrung: Durch Samen.
Wichtig: Die Dattelpalme will während des Sommers immer wieder mit dem Schlauch abgespritzt werden. Das vertreibt Schädlinge und hält die Wedel staubfrei. Vor dem Einräumen ins Winterquartier werden die angewelkten Wedel abgeschnitten.
Mein Tip: Im Kübel einer Dattelpalme sehen Fuchsien oder hängende Wandelröschen als Unterpflanzung besonders hübsch aus.

Datura (Engelstrompete), weißblühende Daturen duften in den Abendstunden sehr intensiv.

Datura Engelstrompete ☠

Die Datura gehört zu den schönsten blühenden Kübelpflanzen, sie will aber auch gepflegt werden. In wenigen Wochen wächst eine Datura zu einem bis zu 2 m hohen, breit ausladenden, regelmäßigem Strauch heran, der überreich blüht. Die bis zu 30 cm langen, trompetenförmigen Blüten erscheinen ab Juli schubweise in großer Zahl. Neben den weißblühenden Arten, die sehr stark duften, gibt es gelb, orangegelb, rosa und – selten – zartblau blühende Daturen. Fast jährlich kommen neue Sorten hinzu, und viele gibt es auch mit gefüllten Blüten. Weil sie so schnell und üppig wächst, läßt sich die Datura leicht zu einem Kronenbäumchen heranziehen. Es muß aber in einen großen, schweren Kübel gestellt und an einen kräftigen Stab angebunden werden, damit die schwere Krone dem Wind standhält.

Herkunft: Südamerika.

Standort: Sonnig bis halbschattig und windgeschützt.

Substrat: ⅓ Kompost, ⅓ lehmige Gartenerde und ⅓ Torf. Oder Einheitserde mit Langzeitdünger.

Wasser: An heißen Tagen zweimal kräftig gießen, sonst einmal täglich.

Düngen: Einmal wöchentlich mit Volldünger.

Umtopfen: Jedes Frühjahr. Das Auspflanzen in den Garten bekommt Daturen sehr gut.

Krankheiten, Schädlinge: Blattläuse und Spinnmilben. Oft große Löcher in den Blättern durch Raupen oder Blattwanzen. Bodenpilze bei zu feuchter Überwinterung.

Überwinterung: Beim Einräumen sehr stark zurückschneiden. Dunkel und kühl – nie über 15 °C – und mit sehr wenig Wasser überwintern. Nässe führt zu Fäulnis an Wurzeln und Stengeln. Bei Aufenthalt im Wintergarten Rückschnitt auch im Frühjahr möglich; er ist ein Muß, da die Pflanze nur an den einjährigen Trieben blüht.

Vermehrung: Im Sommer durch Bewurzelung krautiger Stecklinge ohne Blütenansätze in Wasser oder in einem Sand-Erde-Gemisch.

Wichtig: Im zeitigen Frühjahr treibt die zurückgeschnittene Datura im Zimmer oder im Kleingewächshaus früher aus und blüht dann auch früher.

Mein Tip: Beim Eintopfen im Frühjahr die Feinwurzeln außen am Ballen etwas zurückschneiden, das fördert das Wachstum der Pflanze.

Warnung: Alle Teile der Pflanze sind leicht giftig!

Fuchsie, der Dauerblüher für schattige Plätze.

Fuchsien-Sorten in attraktiven Farben.

Fuchsie
Fuchsia

Für schattige Plätze, an denen sonst nur immergrüne Pflanzen gedeihen, gibt es keine dankbarere Pflanze als die Fuchsie. Auch dort, wo nur wenige Stunden am Tag die Sonne scheint, blüht sie üppig von Anfang Juni bis zum späten Herbst. Als Kübelpflanzen werden Fuchsien bis 1,50 m hoch. Ihr besonderer Vorteil: Man kann sie in beliebige Formen schneiden. Ob als Hochstämmchen, Pyramide, pyramidenförmiges Hochstämmchen oder einfach als Strauch – Fuchsien machen in jeder Form »einen guten Eindruck«.

Herkunft: Süd-, Mittelamerika.
Standort: Halbschattig bis schattig; im tiefen Schatten schwache Blüte.
Substrat: Einheitserde, TKS 2.
Wasser: Jeden zweiten Tag gießen, aber nie austrocknen lassen. Staunässe vermeiden.
Düngen: Einmal wöchentlich mit Volldünger.
Umtopfen: Jedes Jahr in neue Erde setzen.
Krankheiten, Schädlinge: Blattläuse, Spinnmilbe, Weiße Fliege.
Überwinterung: Beim Einräumen kräftig zurückschneiden, die Krone von Hochstämmchen auf die Hälfte. Das Winterquartier soll kühl, kann hell oder auch dunkel, muß aber vor Frost geschützt sein. Im dunklen Keller verliert die Fuchsie alle Blätter und darf dann nicht gegossen werden. Ab Februar treibt sie aus und muß ans Licht. Dann wieder gießen. Fuchsien können zum Überwintern aus dem großen Kübel in einen kleineren Topf gesetzt werden.
Vermehrung: Durch krautige Stecklinge im Frühjahr und durch halbreife Stecklinge im August.
Wichtig: Reich verzweigte Kronen und Büsche erhält man, indem man die Triebe kurz nach dem Austrieb mehrmals über dem dritten Blatt entspitzt. Nach dem Auspflanzen wird nicht mehr entspitzt, damit sich, vor allem bei Sorten mit langen, hängenden Trieben, diese ungestört entwickeln können.
Mein Tip: Binden Sie ein junges Hochstämmchen auf jeden Fall an einen Stab an. Sonst wächst die Pflanze, solange der Stamm noch nicht verholzt ist, zum Licht und biegt sich. Das ist nicht mehr zu korrigieren.

Geißblatt, trägt im Herbst rote Beeren.

Geißblatt Jelängerjelieber
Lonicera caprifolium

Die bunt blühende Schlingpflanze, ein Rechtswinder, braucht ein stabiles Klettergerüst. Sie wächst rasch zu einem dichten Sichtschutz heran und blüht im Mai und Juni. Die Wildform wird bis zu 6 m, Hybriden werden bis 3 m hoch. Die Blüten der Wildform sind rosa-gelblich, Hybriden blühen – je nach Sorte – in verschiedenen Farben, meistens rot. Im ausreichend großen Kübel kann das Geißblatt gut draußen überwintern.

Herkunft: Mittelmeerraum.
Standort: Südseite.
Substrat: Einheitserde.
Wasser: Bei Hitze täglich gießen.
Düngen: Während der Blüte bis August alle 4 Wochen mit Volldünger.
Umtopfen: Schwierig, da die Ranken nicht abgeschnitten werden sollen.
Krankheiten, Schädlinge: Keine.
Überwinterung: Im Freien; Substrat dick mit Laub abdecken.
Vermehrung: Durch Absenker.
Wichtig: In einer klimatisch rauhen Gegend sollten Sie die Wildform wählen.
Warnung: Die Beeren sind giftig.

Granatapfel, anspruchslos und leicht zu überwintern.

Granatapfelbaum
Punica granatum

In Europa hat der Granatapfelbaum eine jahrhundertelange Tradition als Kübelpflanze. Der anspruchslose, leicht zu überwinternde Strauch wird bis 2 m hoch. Er blüht von Juni bis zum Laubabfall, die Blüten sind je nach Sorte gefüllt oder ungefüllt, granatrot, weiß, orange mit weiß, seltener gelb und weiß. Der Granatapfel kann auch als Hochstämmchen gezogen werden. Die fruchtbringenden Sorten blühen bei uns in Europa jedoch sehr spärlich. Besser geeignet als Kübelpflanzen sind die ausgesprochenen Ziersorten.

Herkunft: Asien.
Standort: Hell und sonnig.
Substrat: ⅔ lehmige Gartenerde, ⅓ Kompost.
Wasser: Zweimal wöchentlich gießen, bei heißem Wetter öfter.
Düngen: Alle 4 Wochen, aber nur bis Ende Juli.
Umtopfen: Alle 2–4 Jahre.
Krankheiten, Schädlinge: Blattläuse an Neutrieben.
Überwinterung: Nach Rückschnitt und Einkürzen der stärkeren Triebe kühl und dunkel stellen. Wenig gießen.
Vermehrung: Durch unbelaubte Zweige im Februar/März oder durch krautige Stecklinge im Frühjahr.

Hammerstrauch, blüht von Juli bis Oktober.

Hanfpalme, verträgt Frost, ist leicht zu pflegen.

Hammerstrauch
Cestrum

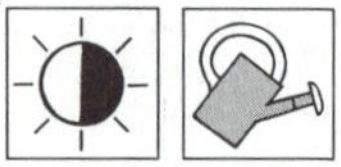

Die gelben, orangen oder dunkelroten Blütenbüschel des Hammerstrauchs dominieren in jedem Kübelpflanzengarten. Von Juli bis Oktober blüht er üppig und zuverlässig. Die Blüte erscheint in Schüben. Man kann den rasch wachsenden Hammerstrauch auch als Kronenbäumchen ziehen. Dieses muß gut abgestützt werden, da die Krone während der Blüte sehr schwer ist.
Herkunft: Südamerika.
Standort: Halbschatten, windgeschützt.
Substrat: ½ Gartenerde, ½ Kompost.
Wasser: Täglich gießen.
Düngen: Einmal wöchentlich mit Volldünger.
Umtopfen: Jährlich.
Krankheiten, Schädlinge: Blattläuse und Weiße Fliege; Bodenpilze.
Überwinterung: Hell, bei 5 bis 15 °C und ohne Rückschnitt; dann blüht der Hammerstrauch schon im zeitigen Frühjahr im Wintergarten. Bei kühler und dunkler Überwinterung zurückschneiden, die Blüte setzt dann im Sommer ein.
Vermehrung: Durch krautige Stecklinge im Frühsommer.
Warnung: Der Hammerstrauch ist in allen Teilen giftig.

Hanfpalme
Trachycarpus fortunei

Von allen Palmen ist sie die ideale Kübelpflanze: Sie wächst nicht gar so schnell, ist ziemlich frostunempfindlich und anspruchslos in der Pflege. Ihre fächerartigen, kräftig grünen Wedel sitzen an gezähnten, langen Stielen. Der Stamm wird, wenn die Palme im Kübel steht, bis zu 4 m hoch und ist mit einem dichten Fasernetz umgeben.
Herkunft: Asien.
Standort: Sonnig bis halbschattig.
Substrat: ½ Gartenerde, ½ Kompost.
Wasser: Gerade so viel gießen, daß der Ballen nicht austrocknet.
Düngen: Entfällt bei Kompostgabe.
Umtopfen: Kaum nötig.
Krankheiten, Schädlinge: Bei zuviel Nässe Herzfäule.
Überwinterung: Erst ab −15 °C ins Winterquartier stellen. Die Hanfpalme kann auch im Wohnzimmer und dort selbst an einem dunklen Platz stehen.
Vermehrung: Durch Samen.
Wichtig: Wenn die Hanfpalme im Frühjahr ins Freie gebracht wird, muß sie vor zuviel Sonne geschützt werden. Sie ist sehr empfindlich gegen Sonnenbrand.

Hibiskus blüht das ganze Jahr über.

Hibiskus gibt es in vielen Farben.

Hibiskus
Roseneibisch
Hibiscus rosa-sinensis

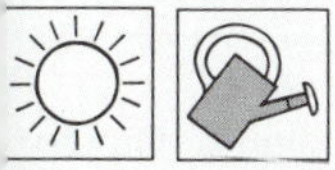

Eigentlich ist dieses Malvengewächs mit den großen, attraktiven Blüten eine Zimmerpflanze, die schnell zu groß wird. Um den Hibiskus kleinwüchsig zu halten, wird er in Gärtnereien mit Stauchmitteln behandelt. Nach etwa einem Jahr, wenn die Wirkung dieses Wachstumshemmers erschöpft ist, kann man beginnen, den Hibiskus zur Kübelpflanze zu erziehen. Man setzt ihn in einen größeren Topf, schneidet ihn so zurück, daß er sich stärker verzweigt (→ Seite 31) – oder man zieht ihn zum Hochstämmchen. Im Kübel kann der Hibiskus eine Höhe von 1 bis 1,5 m erreichen. Es gibt Sorten mit einfachen und mit gefüllten Blüten in vielen Farben. Der Hibiskus blüht das ganze Jahr über – von Juni bis Oktober im Freien, dann weiter im Zimmer oder im Wintergarten. Die Blüten halten zwar nur einen Tag lang, aber meistens geht eine neue Blüte auf, wenn eine andere abwelkt.

Herkunft: Indien, Südostasien.

Standort: Hell, sonnig, vor Wind und Regen geschützt. Standort nicht wechseln, sonst fallen die Knospen ab.

Substrat: Einheitserde, TKS 2.

Wasser: Täglich gießen; verträgt keine Staunässe. Bei Trockenheit wirft die Pflanze schnell die Blätter ab.

Düngen: Einmal wöchentlich mit Volldünger. Wenn die Knospen ohne Standortwechsel abfallen, muß mehr gedüngt werden.

Umtopfen: Alle 2 bis 4 Jahre, die Wurzeln schonen.

Krankheiten, Schädlinge: Weiße Fliege, Spinnmilben, Blattläuse, Bodenpilze.

Überwinterung: Im Wintergarten oder im kühlen Zimmer blüht Hibiskus fleißig weiter. Ist die Pflanze zu groß fürs Zimmer, vor dem Einräumen um ein Drittel zurückschneiden und in einem kühlen Raum nicht unter 10 °C überwintern. Mäßig gießen. Der Wurzelballen darf auch im Winter nie ganz austrocknen.

Vermehrung: Durch krautige Stecklinge im zeitigen Frühjahr oder halbreife Stecklinge unter Folienabdeckung (gespannte Luft) im August.

Wichtig: Kronenbäumchen gut anbinden, die kopflastigen Kronen lassen die Pflanze schnell umfallen.

Die Blütendolden bestehen aus Hochblättern.

Indisches Blumenrohr, benötigt viel Wasser.

Hortensie
Hydrangea macrophylla

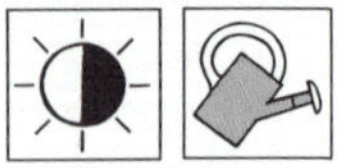

In einem großen Kübel im Freien wachsen Hortensien in wenigen Jahren zu stattlichen Sträuchern heran. Die riesigen Blüten sind Trugdolden, die von bunten Hochblättern gebildet werden. Von Natur aus sind die »Blütendolden« weiß, zartrosa oder pink. Setzt man die Pflanzen in saure Rhododendronerde und düngt zusätzlich noch mit Aluminium-Alaun, färben sich die Dolden hellblau.
Herkunft: Ostasien.
Standort: Halbschattig.
Substrat: Einheitserde oder Rhododendronerde.
Wasser: Bis Mitte August bei heißem Wetter zwei- bis dreimal täglich gießen.
Düngen: Alle 2 Wochen mit Volldünger.
Umtopfen: Mindestens alle 2 Jahre.
Krankheiten, Schädlinge: Chlorose, selten Läuse.
Überwinterung: Bei 5 bis 10 °C an einem hellen Platz.
Vermehrung: Schwierig, durch krautige Stecklinge im Juli.
Wichtig: Vertrocknen die Trugdolden, die Triebe bis auf die untersten Blätter zurückschneiden. Die neuen Triebe kommen ab Februar. Dann die Pflanze wärmer stellen, gießen und leicht düngen.

Indisches Blumenrohr
Canna indica

Die *Canna* ist im Kübel noch dekorativer als auf dem Beet. Je nach Sorte wird sie zwischen einem halben und 1 m hoch und blüht rot, rosa, gelb oder orange von Juni bis in den Herbst. Das dunkle Blattgrün bildet einen reizvollen Kontrast zu den leuchtenden Blüten. Das Indische Blumenrohr ist eine Sumpfpflanze. Sie darf darum niemals in trockener Erde stehen und braucht viel Dünger.
Herkunft: Indien.
Standort: Sonnig bis halbschattig.
Substrat: Komposterde, mit etwas Sand vermischt.
Wasser: Täglich gießen. Im Untersetzer sollte immer Wasser stehen.
Düngen: Einmal wöchentlich mit Volldünger.
Umtopfen: Knollen jährlich in neues Substrat setzen.
Krankheiten, Schädlinge: Rhizomfäule bei zu feuchter Überwinterung.
Überwinterung: Stiele bis auf etwa 5 cm zurückschneiden, Knollen in Sand oder Torf bei 5 bis 10 °C und dunkel aufbewahren.
Vermehrung: Durch Teilung der Knollen.
Wichtig: Im März die Knollen im Zimmer vortreiben und erst nach den Eisheiligen ins Freie stellen.

asmin, eine exotische Kübelpflanze, die intensiv duftet.

Jasmin

Jasminum mesnyi
Jasminum sambac

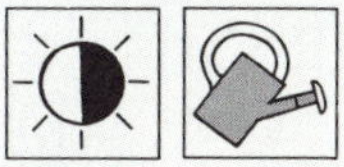

Von den rund 200 verschiedenen Jasmin-Arten sind nur zwei für die Pflanzung im Kübel und fürs Freie geeignet: *Jasminum mesnyi* und *Jasminum sambac*.
Alle anderen kann man nur in Wintergärten halten.
Fast alle Jasmin-Arten sind Klimmer. Sie brauchen eine Kletterhilfe – und das macht das Überwintern problematisch. Gibt man dem Jasmin aber ein stabiles Gerüst in den Kübel, kann er daran emporklettern und mitsamt dem Gerüst ins Winterquartier gebracht werden. Der Chinesische Jasmin, *Jasminum mesnyi*, klettert kräftig.
Er hat fünfmarkstückgroße gelbe Blüten – um so mehr, je kühler man ihn überwintert hat. Denn die Blüten entwickeln sich schon ab Februar an den vorjährigen Trieben.
Der Arabische Jasmin, *Jasminum sambac*, wächst nicht so stark und klettert sogar ausgesprochen schlecht. Man muß ihn deshalb ans Gerüst anbinden. Seine Blüten sind weiß und süß duftend (aus ihnen wird Jasmin-Tee gemacht). *Jasminum sambac* blüht mit einer kurzen Pause im Winter fast das ganze Jahr über – vorausgesetzt, er wird im Glashaus überwintert.
Herkunft: Asien.
Standort: Halbschattig, aber warm.
Substrat: Einheitserde mit ⅓ Kompost.
Wasser: Täglich gießen.
Düngen: Alle 2 Wochen mit Volldünger; im Glashaus weiterdüngen.
Umtopfen: Alle 2 bis 4 Jahre, die Wurzeln schonen.
Krankheiten, Schädlinge: Alle Jasmin-Arten sind schädlingsfrei.
Überwinterung: *Jasminum mesnyi* kann bis zu Temperaturen von –10 °C im Freien bleiben. Stellt man ihn dann in ein kühles Zimmer oder in den Wintergarten, blüht er schon im Februar. Wird er im Oktober eingeräumt und bei Temperaturen von 0 bis höchstens 15 °C gehalten, blüht er, wenn man ihn im April nach draußen stellt, noch bevor die Blätter kommen. *Jasminum sambac* wird vor dem ersten Frost eingeräumt, am besten in den Wintergarten, dort blüht er weiter. Er muß sehr kühl stehen, 15 °C sind das Maximum. Sonst blüht er im Sommer sehr spät oder gar nicht.
Vermehrung: Durch halbreife Stecklinge im Frühjahr unter Folienabdeckung.
Wichtig: Verblühte Blütenstände auszupfen.

Kassie, duftet nach Gewürzen.

Klebsame, die Blätter sehen wie lackiert aus.

Kassie Gewürzrinde Zimtbaum Kerzenstrauch ☠

Cassia

Sehr dekorative Kübelpflanze, deren Laub stark nach Gewürzen riecht. Die gelben Blütenkerzen der afrikanischen Art *(Cassia didymobotrya)* können bis zu einem halben Meter hoch werden. Die südamerikanische Art *(Cassia corymbosa)* hat leicht hängende goldgelbe Blütenbüschel. Beide Arten blühen von Juli bis in den Herbst sehr reich, im Wintergarten fast den ganzen Winter.

Herkunft: Südamerika, Afrika.
Standort: Volle Sonne.
Substrat: Einheitserde oder TKS 2.
Wasser: Täglich gießen, bei heißem Wetter zweimal.
Düngen: Ab April bis Mitte August einmal wöchentlich mit Volldünger.
Umtopfen: Alle 2 bis 4 Jahre.
Krankheiten, Schädlinge: Weiße Fliege.
Überwinterung: Kühl und hell, bei 5 bis 10 °C. Vor dem Einräumen kräftig zurückschneiden.
Vermehrung: Durch halbreife Stecklinge unter Folienabdeckung oder durch Samen.
Warnung: Viele *Cassia*-Arten enthalten Giftstoffe.

Klebsame

Pittosporum

Ein immergrüner, pflegeleichter Strauch mit dunkelgrünem, wie lackiert wirkendem Laub. Die Klebsame ist unempfindlich gegen Abgase, deshalb gut für die Stadt geeignet. Im Frühling erscheinen in Büscheln viele cremeweiße Blüten, die am Abend herrlich duften. Die Klebsame läßt sich auch als Hochstämmchen ziehen.

Herkunft: Ostasien, Neuseeland.
Standort: Halbschattig bis sonnig.
Substrat: 2/3 Gartenerde mit 1/3 Laubkompost.
Wasser: Zweimal wöchent lich gießen, bei heißem Wetter öfter.
Düngen: Alle 2 Wochen mit Volldünger.
Umtopfen: Jungpflanzen jährlich, später alle 4 bis 5 Jahre.
Krankheiten, Schädlinge: Keine.
Überwinterung: Bis zum Dauerfrost draußen lassen dann bei 0 bis 10 °C überwintern.
Vermehrung: Durch Samer oder halbreife Stecklinge ir Wasser oder Sanderde.
Wichtig: Jungpflanzen öfter stutzen, damit ein buschiger Wuchs erzielt wird. Ältere Pflanzen nicht mehr schneiden.

Korallenstrauch, wegen seiner pittoresken Blüten heißt er in seiner Heimat »Crista di Gallo« (Hahnenkamm).

Korallenstrauch
Erythrina

Prächtig blühender Strauch mit allen Eigenschaften, die eine Kübelpflanze begehrenswert machen: überreich blühend, auch für Anfänger leicht zu halten und in der Überwinterung so problemlos wie kaum eine andere Kübelpflanze. Von Juni bis September hängen an 40 cm langen Blütentrauben zahllose, bis zu 5 cm große, bizarre feuerrote Blüten. In ihrer Heimat Brasilien wird die Pflanze wegen dieser auffallenden Blüten auch »Crista di Gallo« – Hahnenkamm – genannt. Je älter Korallensträucher sind – sie können hundert Jahre und älter werden – desto üppiger entwickeln sich Triebe und Blüten. Werden die welken Blütenstände regelmäßig entfernt, blüht die Pflanze in mehreren Schüben. Nach der Blüte, im September, welken Blätter und Triebe ab, sie ziehen im Winter völlig ein. Im Laufe des Aprils treiben aus dem dicken holzigen Stamm neue dornige Triebe, an deren Spitzen später die Blütentrauben hängen. In ihrer Heimat werden die Blüten durch Kolibris und Honigvögel bestäubt. Bei uns in Europa bilden sich zwar manchmal Samen, reifen jedoch nur in sehr warmen Jahren aus und sind daher nur selten zur Vermehrung zu gebrauchen.

Herkunft: Südamerika.
Standort: Halbschattig bis sonnig.
Substrat: ½ Gartenerde, ½ Kompost.
Wasser: Täglich gießen, an heißen Tagen morgens und abends.
Düngen: Einmal wöchentlich mit Volldünger.
Umtopfen: Alle 2 bis 4 Jahre.
Krankheiten, Schädlinge: Spinnmilben, bei falscher Überwinterung Bodenpilze.
Überwinterung: Triebe beim Einräumen kurz über dem Stamm abschneiden, die Pflanze an einen dunklen, kühlen Platz stellen und absolut trocken halten.
Vermehrung: Durch Samen: Dann dauert es mehrere Jahre bis zur ersten Blüte. Stecklingsvermehrung: Nach dem Austrieb krautige Stecklinge mit einem Stück alter Rinde abschneiden und bei 20 bis 25 °C bewurzeln.
Wichtig: Die Pflanze treibt spät aus, deshalb zeitig im Frühjahr im Glashaus oder im Zimmer vortreiben und erst ab Mai ins Freie stellen.

Lagerstroemia, blüht nur in warmen Sommern.

Sie heißt auch »Flieder des Südens«.

Lagerstroemia
Kreppmyrte
Flieder des Südens
Lagerstroemia indica

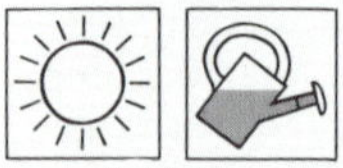

Für kühle Gegenden ist die *Lagerstroemia* nicht geeignet. Sie blüht nur in langen, warmen Sommern – und auch dann erst im August/September. Blüht sie aber, gehört sie zu den dekorativsten Kübelpflanzen, die man kennt: mit ihrem glatten Stamm, der wie poliert wirkt, mit den dunkelgrünen ledrigen Blättern und den üppigen Blütenrispen in Weiß, Rosa, Rot oder Violett. Die Blüten verblassen mit der Zeit, dann erweckt die Pflanze den Eindruck, als ob sie verschiedenfarbig blühen würde – vor allem die roten und violetten Sorten. In kühleren Gegenden blühen die weißen und rosa Sorten noch am ehesten. Wird die Pflanze ab März an einem hellen, warmen Platz vorgetrieben, stellt sich an einem geschützten Standort mit etwas Glück die Blütenpracht auch in weniger schönen Sommern ein. Vorsicht bei den vorgetriebenen Jungtrieben, sie brechen sehr leicht ab.

Herkunft: Asien, Australien.

Standort: Sehr hell und sonnig, am besten an einer weißen Südwand.

Substrat: ⅓ Sand, ⅓ Kompost, ⅓ Gartenboden.

Wasser: Zweimal wöchentlich gießen. Hat die Pflanze Blütenknospen angesetzt, das Substrat nicht mehr trocken werden lassen. Staunässe vermeiden.

Düngen: Ab Beginn der Blüte alle 4 Wochen mit Volldünger.

Umtopfen: Alle 2 bis 4 Jahre.

Krankheiten, Schädlinge: Echter Mehltau, Blattläuse.

Überwinterung: Alte Pflanzen vertragen kurzfristig Frost bis –10 °C. Nach Stummelschnitt dunkel und trocken überwintern. Da Lagerstroemien sehr spät austreiben, sollte man sie zum Vortreiben ins Zimmer, in ein helles Treppenhaus oder an einen anderen geeigneten Platz stellen – mindestens 2 Monate, bevor die Pflanze ins Freie kommt.

Vermehrung: Durch krautige Stecklinge unter Folienabdeckung im Frühjahr (Bodentemperatur von 25 °C). Oder durch Samen (sie müssen ganz frisch sein).

Wichtig: Lagerstroemien blühen nur am einjährigen Holz, deshalb schneidet man sie im Herbst weit herunter. Die Kronenbäumchen werden auf Stummel geschnitten.

Lorbeer, eine der ältesten Gewürz- und Kübelpflanzen.

Lorbeer
Laurus nobilis

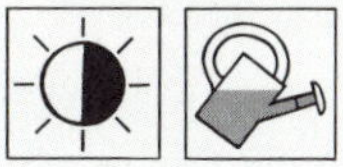

Lorbeer gehört zu den ältesten bekannten Kübelpflanzen. Heute hält man den pflegeleichten, immergrünen Strauch meist buschig oder als Pyramide geformt. Das Heranziehen eines Lorbeerbaumes mit kugeliger Krone dauert bis zu 10 Jahre. Die dunkelgrünen, ledrigen Blätter werden als Gewürz verwendet. Die unscheinbaren gelblichen Blüten erscheinen bei älteren Pflanzen von März bis Mai.

Herkunft: Mittelmeergebiet.

Standort: Halbschattig.

Substrat: ½ Gartenerde, ½ Kompost.

Wasser: Zweimal wöchentlich gießen. Den Wurzelballen nie austrocknen lassen.

Düngen: Von April bis September einmal wöchentlich mit Volldünger.

Umtopfen: Ältere Pflanzen alle 10 Jahre.

Krankheiten, Schädlinge: Schildläuse, Blattläuse.

Überwinterung: Bei 0 bis 10 °C, hell. Lorbeer verträgt kurzfristig Frost bis –10 °C.

Vermehrung: Durch halbreife Stecklinge im August/September.

Mein Tip: Lorbeer sollte man hin und wieder mit dem Schlauch abspritzen, auch in die Blattachseln und Astgabeln, das vertreibt die Schädlinge.

Beliebteste Kübelpflanze für Balkon und Terrasse.

Verschiedenfarbige, gefüllte und ungefüllte Blüten.

Oleander ☠
Nerium oleander

Der immergrüne Strauch mit dem üppigen Blütenschmuck ist die Kübelpflanze überhaupt. Oleander ist einfach zu halten und wird bei guter Pflege ziemlich groß. In warmen Sommern blüht er überreich – je nach Sorte einfach oder doppelt gefüllt und in vielen Farben: weiß, rosa, pink, rot oder gelb. Vor allem die gefüllten Sorten duften sehr süß, sie sind leider gegen Regen recht empfindlich. Sie werden dann braun und verkleben. In nassen, kühlen Sommern blüht Oleander gar nicht oder nur spärlich. Kleinere Oleanderpflanzen kann man dann im Zimmer an ein helles Fenster stellen; dann blühen sie ziemlich sicher, vor allem die weißen und gelben Sorten. Oleanderbüsche werfen im Frühjahr Blätter ab, das ist drei- bis vierjähriges Laub, und ganz normal. Wirft die Pflanze aber im Sommer Blätter ab, die gelb geworden sind, dann wird sie zu trocken gehalten!

Herkunft: Mittelmeerländer, Asien.

Standort: So hell und sonnig wie nur irgend möglich.

Substrat: ½ lehmige Gartenerde, ½ Kompost mit etwas Sand.

Wasser: Täglich gießen, an heißen Sommertagen morgens und abends. Das Wasser sollte im Untersetzer stehen.

Düngen: Von April bis August einmal wöchentlich mit Volldünger.

Umtopfen: Jüngere Pflanzen jährlich, später alle 10 Jahre mit leichtem Wurzelrückschnitt.

Krankheiten, Schädlinge: Blattläuse und Spinnmilben im Sommer, Schildläuse im Winterquartier. Ascochyta (→ Seite 45) bei langen Regenperioden oder wenn der Oleander unter einem Baum steht. Oleanderkrebs.

Überwinterung: Verträgt kurzfristig Frost bis –5 °C. Bei 5 bis 15 °C hell stellen; kann auch in einem kühlen, dunklen Keller überwintern. Vor dem Einräumen sorgfältig ausputzen.

Vermehrung: Durch Stecklinge im Juli/August in Wasser.

Wichtig: Lange und kahle Triebe ausschneiden, die Pflanze wird dann voller und blüht üppiger. Die Blütenstände werden erst nach zweimaliger Blüte entfernt.

Warnung: Oleander ist in allen Pflanzenteilen giftig. Kinder dürfen weder mit den Blättern noch mit den Blüten spielen! Nach dem Schneiden oder Umpflanzen Hände gründlich waschen.

Olivenbaum
Ölbaum
Olea europaea

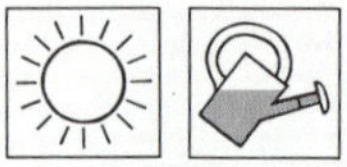

Als Kübelpflanze spielt der Olivenbaum eher eine untergeordnete Rolle. In Gemeinschaft mit anderen immergrünen und blühenden mediterranen Kübelpflanzen jedoch wirkt der anspruchslose Baum mit den grün-silbrigen Blättern sehr reizvoll. Im Kübel bekommt er nur selten das bizarre Aussehen, wie wir es aus seiner Heimat kennen. Durch entsprechenden Schnitt kann man versuchen, der Kübel-Olive »wilden« Habitus zu geben. Die kleinen, weißen und duftenden Blüten setzen im Kübel nur selten Früchte an, da zur Befruchtung eine zweite Pflanze notwendig ist. Außerdem würden die Früchte in unserem Klima nicht reifen, sie brauchen – von Oktober bis Dezember – eine Reifetemperatur von 18 bis 22° C. Olivenbäume werden von Gartenbaubetrieben recht selten angeboten; es lohnt sich auf jeden Fall, aus einem Urlaub in den Mittelmeerländern eine Jungpflanze mit nach Hause zu bringen – dort kosten sie auch erheblich weniger.

Herkunft: Mittelmeerländer.

Standort: Sehr sonnig und warm.

Substrat: ⅓ Gartenerde, ⅓ Kompost, ⅓ Sand oder Kies mit etwas Kalk.

Wasser: Bei heißem Wetter täglich gießen.

Düngen: Einmal wöchentlich mit Volldünger oder Guano.

Umtopfen: Jungpflanzen alle 4 bis 5 Jahre mit Wurzelrückschnitt. Ältere Pflanzen nur noch alle 10 Jahre.

Krankheiten, Schädlinge: Keine.

Überwinterung: Draußen lassen, bis Temperaturen unter –10° C angesagt sind. Dann die Olive für zwei bis drei Monate in einen kalten, hellen Raum (mit Temperaturen unter 10 °C) stellen. Schon im März kann sie wieder ins Freie. Überwinterung im Wohnzimmer möglich. Ebenso in einem dunklen, kühlen Kellerraum, dort verliert die Olive allerdings die Blätter.

Vermehrung: Durch Aussaat der Olivenkerne, die an einer Seite aufgeschnitten werden. Durch halbreife Stecklinge erhält man rascher größere Pflanzen.

Mein Tip: Versuchen Sie einmal, aus einem Olivenkern einen Bonsai heranzuziehen! Er läßt sich im Zimmer halten.

Olivenbaum, kann auch im Zimmer überwintern.

Drangenbaum, blüht und fruchtet gleichzeitig.

Palmfarn, wächst langsam, ist leicht zu pflegen.

Drangenbaum

Citrus sinensis

Auch wenn sie als schwie-
ig gelten, werden
Drangenbäume ihres
chmückenden Laubes,
hrer duftenden, weißen
lüten und auch der
rüchte wegen schon seit
ahrhunderten als Kübel-
pflanzen gehalten. Bei
ichtiger Pflege blühen
ie das ganze Jahr über,
vor allem wenn sie in einem
kühlen Glashaus überwin-
ern. Sie tragen gleichzeitig
mit der Blüte auch Früchte,
oft sogar reichlich. Achten
Sie beim Kauf darauf, daß Sie veredelte Pflanzen bekommen, nur diese fruchten.

Herkunft: China.

Standort: Sonnig.

Substrat: ⅓ Laubkompost, ⅓ lehmige Gartenerde, ⅓ Sand.

Wasser: Nie ganz trocken werden lassen, auch nicht im Winter. Mit kalkfreiem Wasser gießen.

Düngen: Alle 2 Wochen, am besten mit Guano.

Umtopfen: Alle 5 bis 10 Jahre.

Krankheiten, Schädlinge: Blattläuse, Spinnmilben, Chlorose.

Überwinterung: Ab September bei 5 bis 20 °C mit sehr viel frischer Luft.

Vermehrung: Aus Samen, Veredelung beim Gärtner.

Palmfarn Sagopalme ☠

Cycas revoluta

Der Palmfarn ist eine der schönsten, aber auch eine der teuersten Kübelpflanzen. Im Handel sind deshalb fast nur Jungpflanzen. Sie wachsen sehr langsam heran. Aber auch sie wirken mit dem dichten Schopf lederartig glänzender Wedel schon wie eine »richtige« Palme. Weder im Wintergarten noch im Freien machen sie Probleme, die Pflanze ist robust und leicht zu pflegen.

Herkunft: Südostasien.

Standort: Halbschatten oder Schatten.

Substrat: Einheitserde mit ⅙ Sand.

Wasser: Nicht trocknen lassen, aber auch nicht durchnässen.

Düngen: Einmal wöchentlich von April bis September mit Volldünger.

Umtopfen: Alle 5 bis 10 Jahre, der neue Topf darf nicht viel größer sein.

Krankheiten, Schädlinge: Keine.

Überwinterung: Kann bis 20 °C auch im Zimmer stehen.

Vermehrung: Durch Samen.

Warnung: Pflanzenteile nicht essen – Vergiftungsgefahr! Vorsicht bei Kindern und Haustieren!

Rosmarin, eine Schmuck- und Gewürzpflanze.

Scheinzypresse, eine immergrüne Kübelpflanze.

Rosmarin

Rosmarinus officinalis

Die Würzpflanze Rosmarin ist eine robuste und hübsche Kübelpflanze. Ab März ist der Strauch mit Hunderten von kleinen hellblauen Blüten übersät. Der immergrüne Busch mit den schmalen grünblauen, aromatisch duftenden Blättern wird im Kübel bis zu einem Meter hoch. Er kann im Freien bleiben, bis sich Dauerfrost ankündigt. Bereits im März kommt er – blühend – nach draußen.

Herkunft: Mittelmeerländer.

Standort: Sonnig und warm.

Substrat: ½ Gartenerde, ¼ Kompost, ¼ Sand.

Wasser: Täglich gießen, die Pflanze darf aber keine nassen Füße bekommen.

Düngen: Alle 4 Wochen mit Volldünger oder im Februar mit Langzeitdünger.

Umtopfen: Alle 2 bis 4 Jahre.

Krankheiten, Schädlinge: Bodenpilze bei Staunässe.

Überwinterung: Von November bis März hell, bei 0 bis 15 °C.

Vermehrung: Durch halbreife Stecklinge im Juli/August oder durch Samen.

Mein Tip: Ältere Rosmarinpflanzen werden unansehnlich. Ziehen Sie deshalb alle paar Jahre »Nachwuchs« heran.

Scheinzypresse

Chamaecyparis

Wer eine schöne, problemlose Konifere im Kübel halten möchte, die auch im Winter im Freien bleiben kann, sollte eine Scheinzypresse wählen. Hinoki- und Sawara-Scheinzypressen bringen zudem ein japanisches Element auf Terrasse und Balkon. Beide werden nicht höher als 1 m bis 1,50 m. Bei Hinoki sind die Zweige muschelartig gedreht, Sawara hat gelblichgrüne dünne Nadeln und eignet sich gut für kleine Balkone. Beide Koniferen wachsen kugelförmig.

Herkunft: Japan.

Standort: Sonnig bis halbschattig.

Substrat: ⅓ Kompost, ⅓ Gartenerde, ⅓ Sand.

Wasser: Nur feucht halten.

Düngen: Ab April alle 6 Wochen mit Tannendünger.

Umtopfen: Bei Bedarf.

Krankheiten, Schädlinge: Keine.

Überwinterung: Im Freien Erde mulchen und nicht austrocknen lassen.

Vermehrung: Durch den Fachmann.

Wichtig: Im Winter stellt man die Scheinzypressen an einen schattigen Platz, damit sie nicht austrocknen.

;chmucklilie, je älter sie ist, desto üppiger blüht sie.

Schmucklilie
Agapanthus

Die Schmucklilie gehört zu den schönsten Kübelpflanzen. Auf bis zu 1 m hohen Stengeln bilden sich im Juli und August große, blaue, seltener weiße Blütendolden, in denen bis zu 100 Blüten zusammenstehen. Die langen, bis zu 8 cm breiten Blätter sind immergrün. Am besten kommen Schmucklilien als Solitärpflanzen zur Geltung.

Herkunft: Südafrika.

Standort: Warm und geschützt in voller Sonne.

Substrat: Normale Einheitserde.

Wasser: Täglich durchdringend gießen.

Düngen: Vor und während der Blüte einmal wöchentlich mit Volldünger.

Umtopfen: So selten wie möglich. Blüht nach dem Umtopfen schwach oder gar nicht.

Krankheiten, Schädlinge: Keine.

Überwinterung: Hell und kühl, nicht wärmer als 15 °C, sonst bilden sich keine Blütenansätze. (Notfalls auch im kalten Keller, dann muß die Pflanze aber trocken gehalten werden.)

Vermehrung: Durch Teilung der Rhizome. Man sollte die Pflanze aber nur selten teilen, denn je mehr Wurzeln sie hat, desto üppiger und länger blüht sie.

Mein Tip: Die Blüten der Schmucklilie halten sich sehr lange in der Vase.

Schönmalve (Abutilon), schön und anspruchslos.

Üppig blühende gelbe Schönmalve.

Schönmalve
Abutilon

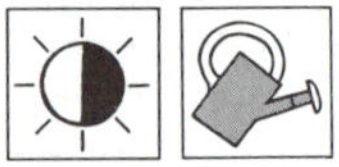

Von Mai bis in den späten Herbst hinein blüht die Schönmalve unermüdlich. Die roten oder gelben Blüten-»Laternen« leuchten zwischen dem schönen dunkelgrünen Laub. Je stärker man die Pflanze im Herbst zurückschneidet, desto üppiger verzweigt sie sich im folgenden Sommer. Und an jeder Triebspitze blüht die Pflanze. Schönmalven lassen sich leicht zu Kronenbäumchen heranziehen, doch werden die Kronen bei älteren, großen Exemplaren gerne etwas schütter. Eine attraktive Sorte der Schönmalve ist *Abutilon »Thompsonii«* mit weiß- oder gelbgefleckten Blättern. Ursache dieser Flecken ist der Abutilon-Mosaik-Virus, der aber der Pflanze nicht schadet und auch nicht auf andere Pflanzen übertragen werden kann.

Herkunft: Mittel- und Südamerika.

Standort: Halbschattig und vor Regen geschützt, denn die dünnen Zweige brechen bei starken Gewitterregen leicht ab. Bei Standortwechsel fallen Blüten und Knospen ab.

Substrat: Einheitserde oder ½ Kompost, ½ Gartenerde.

Wasser: Täglich gießen. Wasser kann im Untersetzer stehen. Wird die Pflanze zu trocken gehalten, fallen die Blätter ab.

Düngen: Bis Ende August einmal wöchentlich mit Volldünger.

Umtopfen: Jedes Frühjahr in einen etwas größeren Kübel oder in den Garten setzen.

Krankheiten, Schädlinge: Blattläuse, Weiße Fliege. Bei zu starker Sonnenbestrahlung Spinnmilben. Grauschimmel bei langen Regenperioden, wenn die Blüten nicht abgezupft werden.

Überwinterung: Im Zimmer (nicht wärmer als 20 °C) blüht die Schönmalve den ganzen Winter. Sonst hell und kühl stellen (5 bis 10 °C). Vor dem Einräumen kräftig zurückschneiden.

Vermehrung: Durch krautige Stecklinge im Frühjah und halbverholzte Stecklinge mit Zunge im Augus Bewurzelungshormon ver wenden.

Wichtig: Bleibt die Pflanz im warmen Zimmer oder im Wintergarten, wird spa sam alle vier Wochen wei tergedüngt.

Mein Tip: Wenn Sie beson ders schnell eine große, stattliche Schönmalve he anziehen wollen, dann so ten Sie die Pflanze ein od zwei Sommer lang in den Garten auspflanzen. Hier wächst sie besonders gut

Strauchmargerite, läßt sich zum Hochstämmchen heranziehen.

Strauchmargerite
Chrysanthemum frutescens

Strauchmargeriten, vor allem als attraktive, willig blühende Hochstämmchen gezogen, gehören zu den beliebtesten Kübelpflanzen, sind aber nicht ganz pflegeleicht. Neben den bekannten weißen Strauchmargeriten sind auch gelbe und rosa Sorten auf dem Markt, die im Blatt etwas von den weißblühenden Sorten abweichen. Um ein dichtes Hochstämmchen heranzuziehen, müssen in den ersten zwei Jahren ständig alle Knospen und Blüten entfernt werden. Nur so bildet sich eine wirklich dichte Krone, die später von Juli bis Oktober überreich blüht. Die Entwicklung einer Strauchmargerite zum Hochstämmchen dauert etwa drei Jahre. Dann aber hat man bei richtiger Behandlung und vor allem bei richtiger Überwinterung sehr lange Freude daran.

Herkunft: Kanarische Inseln.
Standort: Sehr sonnig.
Substrat: ½ Gartenerde, ½ Kompost.
Wasser: Täglich gießen.
Düngen: Wöchentlich eine schwache Düngergabe.
Umtopfen: Jedes Jahr in neue Erde setzen; Wurzeln leicht einkürzen.
Krankheiten, Schädlinge: Schwarze Läuse, Blattläuse, Spinnmilben. Bei Staunässe Bodenpilze.
Überwinterung: Recht schwierig. Am besten stark zurückschneiden und bis zum Februar dunkel, dann heller stellen. Nur feucht halten.
Vermehrung: Durch halbreife Stecklinge im August und September; durch krautige Stecklinge im Februar/März, wenn die Pflanze im Glashaus überwintert wurde.
Wichtig: Wenn die inneren Blätter braun werden, die Hälfte der Blüten und Knospen abschneiden, dann treiben neue Blätter durch. Verwelkte Blüten müssen täglich abgeschnitten werden.
Mein Tip: Lassen Sie einmal unten am Stamm eines Kronenbäumchens einige Triebe stehen. Es sieht sehr originell aus, wenn ein Margeritenbäumchen unten noch eine kleine »Schürze« trägt.

Strauchrose und Hochstammrose
Rosa

Strauchrosen kennt man eher im Garten, in genügend großen Pflanzgefäßen lassen sie sich aber sehr gut auf Balkonen und Terrassen halten. Die dichten, schön geformten Sträucher werden 1,50 bis 2 m hoch und bringen Duft und Farbe selbst mitten in die Stadt, weil sie nicht sehr empfindlich sind. Die Auswahl an geeigneten Rosensorten ist recht groß: Die rosa Sorte »Angela« hat die runde Form alter Rosen, »Elveshörn« ist rosa mit einem Silberhauch, »Kordes Brillant« leuchtendorange, »Schneewittchen« weiß und »Westerland« gelb mit roten Streifen. All diese Strauchrosen blühen fleißig von Juni bis Oktober.
Sehr romantisch wirken Hochstammrosen im Kübel. Sie werden auf einem Wildrosenstamm veredelt und sind deshalb recht robust.
Sehr vornehm, aber etwas schwierig sind Edelrosen als Hochstämmchen. Besonders schön und unempfindlich sind Hochstämmchen, die mit Bodendecker-Rosen veredelt wurden. Ihre zarten Zweige hängen weit herunter, die Blüten sind klein und duften, die Blätter bleiben auch im Winter grün. Die Pflege von Rosen-Hochstämmchen ist dieselbe wie bei Strauchrosen, die Krone wird im Herbst etwas zurückgeschnitten und in sehr kalten Wintern mit einer dicken Papiertüte geschützt. Keine Plastiktüte verwenden, darunter sterben die Triebknospen ab.
Herkunft: Züchtungen stammen von Wildsorten aus Asien ab.
Standort: Sonnig.
Substrat: ½ Lehmerde, ½ Kompost mit etwas Sand. pH-Wert 6–7!
Wasser: Immer feucht halten, aber nie durchnässen.
Düngen: Im April, im Juni und im August mit Rosendünger.
Umtopfen: Alle 2 bis 3 Jahre.
Krankheiten, Schädlinge: Blattläuse, Chlorose.
Überwinterung: Im Freien, wenn möglich mit dem Kübel in die Erde eingraben. Sonst an einen geschützten Platz stellen, Kübel in Isoliermantel einpacken, oberirdische Pflanzenteile mit Tannenreisig oder Stroh (nicht Plastik) einbinden. Ab Anfang April aufdecken. Damit die Rosen im Kübel keine Kälteschäden erleiden, schneidet man sie schon im späten Herbst zurück.
Vermehrung: Nur vom Fachmann.

Hochstammrose »The Fairy«, kann im Freien überwintern

Tibouchina, sie blüht erst im August.

Jungpflanze mit buschigem Wuchs.

Tibouchina

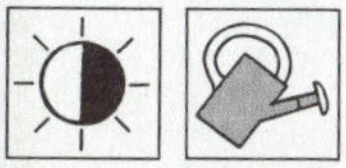

Kenner behaupten, die Tibouchina gehöre zu den fünf schönsten blühenden Kübelpflanzen. Der in der Pflege etwas anspruchsvolle Strauch eignet sich auch für den Wintergarten, denn er blüht 6 Monate lang – beginnt aber mit der Blüte frühestens im August. Dann ist die Tibouchina über und über mit einer Vielzahl violett-purpurner Blüten bedeckt, die am Ende der Triebe sitzen. Ein weiterer Schmuck sind ihre samtig behaarten dunkelgrünen Blätter, vor allem, wenn sie sich im Winter rot, orange und gelb färben. Vermutlich liegt es an dem etwas sparrigen Wuchs, daß diese reichblühende Pflanze so selten zu finden ist. Man sollte die Tibouchina so klein wie möglich kaufen, dabei vor allem auf die Verzweigung achten und sie in den ersten Jahren immer und immer wieder entspitzen (→ Grünteil, Seite 61). Nur so bekommt man eine buschige, reichblühende Pflanze. Je mehr Triebe eine Pflanze hat, desto mehr Blüten entwickeln sich. Bei der Tibouchina sitzen die Blüten an den Triebenden – das ständige Entspitzen bis in den August hinein bedeutet, daß sich in den ersten Jahren erst spät Blüten bilden, eventuell erst im Oktober. Man kann dann aber die Pflanze noch wochenlang blühend in einem kühlen Zimmer halten. Kaufen Sie keine alte, sperrige Pflanze – sie wird nicht mehr buschig.

Herkunft: Brasilien.
Standort: Leichter Halbschatten.
Substrat: ½ Gartenerde, ½ Kompost ohne Kalk.
Wasser: Täglich gießen.
Düngen: Alle 4 Wochen mit Guano.
Umtopfen: Alle 2 bis 4 Jahre, je nach Wachstum.
Krankheiten, Schädlinge: Bei Staunässe Bodenpilze.
Überwinterung: Bei 5 bis 15 °C hell überwintern. Nach der Blüte kräftig zurückschneiden.
Vermehrung: Durch krautige Stecklinge im Frühjahr bei Bodentemperaturen von 25 °C.
Wichtig: Auf Überdüngung reagiert die Tibouchina mit dem Absterben von Blatträndern und Blattabfall. Wird sie in zu warmen Räumen überwintert, kommt es zur Bildung langer, weicher Triebe, die umfallen.

Wandelröschen

Lantana-Camara-Hybriden

Im Kübel werden Wandelröschen mit Vorliebe als Kronenbäumchen gezogen. Weiß, gelb, rot oder orange bedecken die Blüten von Juni bis Oktober in reicher Fülle die Krone dieser Hochstämmchen. Damit sich diese Bäumchen gut verzweigen und eine gut geformte Krone ausbilden, müssen sie in den ersten Jahren bis Juni immer wieder entspitzt werden.

Herkunft: Südamerika.

Standort: Hell und sehr sonnig.

Substrat: Einheitserde oder TKS 2.

Wasser: Ballen nur feucht halten.

Düngen: Vom Austrieb an alle 4 Wochen mit Volldünger.

Umtopfen: Jedes Jahr in neue Erde setzen.

Krankheiten, Schädlinge: Weiße Fliege, Spinnmilbe.

Überwinterung: Hell und trocken, bei 5 bis 10 °C. Etwa im Februar/März in einen wärmeren, hellen Raum stellen und die Triebe um ein Drittel bis zur Hälfte kürzen.

Vermehrung: Hybriden durch krautige Stecklinge, die im Frühjahr austreiben. Alle anderen durch Samen.

Wichtig: Verblühte Blütenstände müssen abgeschnitten werden.

Warnung: Die Pflanze ist in allen Teilen giftig.

Wandelröschen (Lantane), eine dekorative Blütenkaskade im Kübel.

Washingtonia, kann im Kübel bis zu 3 m hoch werden.

Blatt der Washingtonia filifera.

Washingtonia
Petticoat-Palme
Washingtonia robusta
Washingtonia filifera

Die Washingtonia ist nicht so ausladend wie die Dattelpalme, wächst aber ebenso schnell und unkompliziert. Sie hat einen dekorativen, schuppigen Stamm; ihre Fächer sind fast rund und stehen an kurzen, harten Stielen, die in der Jugend dornig sind. Mit ihren älteren, nach unten hängenden Blättern erinnert sie an einen Petticoat, daher der Name. Bei der kalifornischen *Washingtonia filifera* spalten sich von den Blatteinschnitten lange braune Fäden ab, bei der mexikanischen *Washingtonia robusta* sieht man die Fäden nur in der Jugend. Als Solitär im Garten macht sich die Washingtonia ebensogut wie in einem Wintergarten oder einer Halle.

Herkunft: Mittelamerika, USA.

Standort: Sonnig bis halbschattig.

Substrat: ½ Gartenerde, ½ Kompost.

Wasser: Mäßig feucht halten, Wurzelballen nicht austrocknen lassen.

Düngen: Alle 2 Wochen mit Volldünger. Bei schwächerer Düngung wächst die Palme langsamer.

Umtopfen: Bei Bedarf.

Krankheiten, Schädlinge: Blattfleckenkrankeit, Schildläuse im Winter.

Überwinterung: Bis –5 °C draußen lassen, dann frostfrei stellen, bis 20 °C auch im Wintergarten. Verträgt kein Wohnzimmerklima. Je wärmer der Raum ist, desto heller muß die Pflanze stehen.

Vermehrung: Durch Samen, die sehr langsam keimen.

Wichtig: Die Washingtonia ist ein Frischluftfanatiker. Sie sollte, auch wenn sie im Wintergarten einen idealen Platz hat, im Sommer im Freien stehen. Beim Ausräumen unbedingt darauf achten, daß die Blätter keinen Sonnenbrand bekommen. Im Freien sprüht man die Palme regelmäßig mit dem Gartenschlauch ab, wenn es längere Zeit nicht regnet. Im Wintergarten möchte sie mit einem Schwamm abgewaschen werden. Verwelkte, alte Wedel werden im Herbst abgezupft, wenn sie sich leicht vom Stamm lösen. So entsteht der schöne schuppige Stamm.

Mein Tip: Stellen Sie die Washingtonia an einem windgeschützten Platz auf. Durch die ausladenden Wedel ist sie recht unstabil. Sie kippt bei Windböen leicht um und kann dabei beschädigt werden.

Warnung: Verletzungsgefahr an den dornigen Stengeln.

Yucca, elephantipes, die bekannteste Yucca-Art.

Bananenstauden gedeihen gut im Kübel.

Yucca
Palmlilie

Als Kübelpflanze kann die Yucca mehrere Meter hoch werden. Von den über 30 Yucca-Arten besticht die winterharte *Yucca filamentosa* durch ihre großen, weißen Blütenkerzen. Im Kübel hält man meist die anspruchslose »Yuccapalme«, *Yucca elephantipes*. An einem dicken Stamm bildet sie mindestens zwei, oft aber mehrere Schöpfe mit steifen, kräftig grünen, schwertförmigen Blättern.
Herkunft: USA, Mittelamerika.
Standort: Warm und sonnig.
Substrat: 2/3 Gartenerde, 1/3 Kompost.
Wasser: Bei heißem Wetter täglich gießen.
Düngen: 2 bis 3 Düngegaben während des Sommers genügen.
Umtopfen: Nur wenn der alte Topf zu klein ist.
Krankheiten, Schädlinge: Keine.
Überwinterung: Große Pflanzen hell bei 5 bis 20 °C; kleine Pflanzen im Wohnzimmer, wo man sie öfter besprühen muß.
Vermehrung: Durch kopfständige Stecklinge, Seitenstecklinge oder durch Teilung der Stämme.
Warnung: Verletzungsgefahr an den dolchartigen Blättern.

Zierbanane
Ensete

Große, dekorative Kübelpflanze, die schon im ersten Jahr bis zu 1 m hoch wird. Bei guter Pflege hat die Bananenstaude nach 2 bis 3 Jahren bis zu 3 m lange, breite Blätter.
Herkunft: Ostafrika.
Standort: Sonnig bis halbschattig.
Substrat: 1/2 Kompost, 1/2 Gartenerde.
Wasser: Täglich gießen. Bei heißem Wetter zwei- bis dreimal täglich.
Düngen: Einmal wöchentlich mit Volldünger.
Umtopfen: Jedes Frühjahr.
Krankheiten, Schädlinge: Spinnmilben, Pilze.
Überwinterung: Verträgt keinen Frost. Bei 10 bis 25 °C sehr hell überwintern. Steht die Pflanze im Wintergarten, die Blätter belassen; in kühleren Räumen wird bis auf die Herzblätter alles abgeschnitten.
Vermehrung: Durch Samen.
Wichtig: Die Überwinterung ist ein echtes Problem, da die Zierbanane viel Platz braucht. Aus diesem Grund schneidet man die Blätter zurück. Steht die Pflanze im Winterquartier bei feuchtem Ballen zu dunkel, fault sie von innen heraus und geht ein.

Zitronenbaum, schwierig zu pflegen, aber sehr attraktiv.

Zitronenbaum
Citrus limon

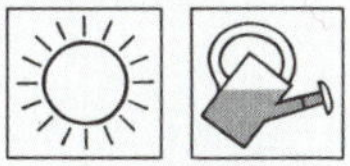

Diese schönen Kübelpflanzen sind nichts für Anfänger. Werden sie aber mit Gefühl und Sachkenntnis gepflegt, wachsen sie zu attraktiven Pflanzen heran, die das ganze Jahr über gleichzeitig duftend blühen und Früchte in verschiedenen Reifestadien tragen. Zitronen- werden, wie Orangenbäume, als Busch oder Hochstämmchen gezogen. Für die ideale Überwinterung sollte man einen Wintergarten oder ein heizbares Gewächshaus haben.

Herkunft: Indien.

Standort: Sonnig.

Substrat: ⅓ ungekalkter Laubkompost, ⅓ Gartenerde, ⅓ Sand.

Wasser: Mit Feingefühl und weichem Wasser gießen.

Düngen: Alle 2 Wochen mit Guano flüssig.

Umtopfen: Ältere Pflanzen alle 5 bis 10 Jahre, dabei den Wurzelfilz etwas abschneiden.

Krankheiten, Schädlinge: Blattläuse, Spinnmilben, Chlorose.

Überwinterung: Früh einräumen. An einem hellen Platz bei 5 bis 20 °C und frischer Luft überwintern.

Vermehrung: Durch den Fachmann.

Wichtig: Zitronenbäume vertragen keinen Kalk! Weder im Substrat noch im Dünger, noch im Gießwasser.

Überwinterung auf einen Blick

Name	Rückschnitt	Temperatur min./max.	Licht	Wasser	Im Wintergarten	Bemerkungen
Agave	–	0 bis 10 °C	dunkel	trocken	sehr gut, bis 25 °C	im Wintergarten gießen
Aukube	möglich	–5 °C bis 15 °C	hell bis dunkel	mäßig	sehr gut, bis 20 °C	kann mit Schutz draußen bleiben
Bambus	–	–5 °C bis 10 °C	sehr hell	täglich	sehr gut, bis 25 °C	wirft ständig etwas Laub ab
Bleiwurz	⅓ beim Einräumen	5 bis 15 °C	dunkel	trocken	–	Blätter trocknen ein
Bougainvillea	möglich	10 bis 15 °C	hell	mäßig	sehr gut, bis 25 °C	bis 5 °C laubabwerfend
Brautmyrte	möglich	5 bis 10 °C	hell	mäßig	sehr gut, bis 20 °C	im Wintergarten nicht trocknen lassen
Buchs	im August	0 bis 15 °C	hell	wenig	gut	kann im Freien eingegraben überwintern
Clematis	alte Pflanzen geringfügig	überwintert im Freien	–	–	–	–
Dattelpalme	–	5 bis 15 °C	hell	wenig	gut, bis 20 °C	auch im Zimmer wenig gießen
Datura	stark beim Einräumen	5 bis 12 °C	dunkel	trocken	mäßig, wirft Laub ab	im Wintergarten nicht zurückschneiden
Fuchsie	kräftig beim Einräumen	5 bis 10 °C	hell bis dunkel	mäßig	mäßig	Vorsicht: Staunässe
Geißblatt	bei zu großen Pflanzen	überwintert im Freien	–	–	–	–
Granatapfel	möglich	5 bis 10 °C	dunkel	trocken	–	braucht keinerlei Winterpflege
Hammerstrauch	möglich	5 bis 15 °C	hell bis dunkel	mäßig	gut bis 20 °C	blüht im kalten Wintergarten
Hanfpalme	–	5 bis 15 °C	sehr hell	wenig	sehr gut, bis 25 °C	kann auch im Zimmer an einem dunklen Platz stehen
Hibiskus	möglich	10 bis 15 °C	hell	mäßig	sehr gut, bis 25 °C	blüht im Wintergarten
Hortensie	vor dem Einräumen	5 bis 10 °C	hell/ dunkel	wenig	–	ab Februar vortreiben
Indisches Blumenrohr	nach dem ersten Frost	5 bis 10 °C	dunkel	trocken	–	nur Knollen überwintern

Name	Rückschnitt	Temperatur min./max.	Licht	Wasser	Im Wintergarten	Bemerkungen
Jasmin	möglich	0 bis 15 °C	hell bis dunkel	mäßig	je nach Sorte bis 25 °C	spezielle Sorten blühen im Wintergarten oder Zimmer
Kassie	möglich	5 bis 10 °C	hell	mäßig	gut, kühl halten	blüht im Wintergarten
Klebsame	nur bei Jungpflanzen	0 bis 10 °C	hell	mäßig	sehr gut, bis 20 °C	verliert im Dunkeln Laub
Korallenstrauch	abgestorbene Triebe	5 bis 15 °C	dunkel	trocken	–	mit trockener Erde ins Winterquartier
Lagerstroemia	auf Stummel b. Einräumen	0 bis 10 °C	dunkel	trocken	–	–
Lorbeer	–	0 bis 10 °C	hell	mäßig	sehr gut, bis 20 °C	Schildläuse!
Oleander	möglich	5 bis 15 °C	hell	mäßig	sehr gut, bis 20 °C	nicht aufgeblühte Knospen lassen
Olive	nicht nötig	5 bis 15 °C	hell	wenig	gut, bis 20 °C	kleine Pflanzen im Zimmer überwintern
Orangenbaum	möglich	12 bis 20 °C	hell	wenig	sehr gut, bis 25 °C	braucht viel frische Luft
Palmfarn	–	5 bis 15 °C	hell	wenig	sehr gut, bis 20 °C	kann auch im Zimmer überwintern
Palmlilie	–	5 bis 15 °C	hell	mäßig	sehr gut, bis 25 °C	kann im Zimmer stehen
Rosmarin	–	0 bis 15 °C	hell	mäßig	gut	–
Scheinzypresse	–	überwintert im Freien	–	–	–	–
Schmucklilie	–	0 bis 15 °C	hell	mäßig	gut, bis 25 °C	nur im Notfall teilen
Schönmalve	beim Einräumen	0 bis 15 °C	hell	mäßig	sehr gut, bis 20 °C	blüht im Zimmer weiter
Strauchmargerite	möglich	5 bis 10 °C	hell bis dunkel	mäßig	gut, bis 20 °C	Achtung Bodenpilze!
Strauchrosen	im Herbst	überwintert im Freien	–	–	–	–
Tibouchina	nach dem Blühen	5 bis 15 °C	hell	mäßig	sehr gut, bis 20 °C	blüht im Wintergarten
Wandelröschen	möglich	5 bis 15 °C	hell	mäßig	–	Achtung Staunässe!
Washingtonia	–	5 bis 15 °C	hell	wenig	sehr gut, bis 25 °C	im Wintergarten regelmäßig abwaschen
Zierbanane	bei Platzmangel	10 bis 25 °C	hell	wenig	sehr gut	im Wintergarten nicht zurückschneiden
Zitronenbaum	möglich	5 bis 15 °C	hell	wenig	sehr gut	braucht frische Luft

Arten- und Sachregister

Die **halbfett** gesetzten Seitenzahlen verweisen auf Farbfotos und Farbzeichnungen. U = Umschlagseite

Arten- und Sachregister

Arten- und Sachregister

Bücher und Adressen, die weiterhelfen

Bücher:

(falls nicht im Buchhandel, dann in Bibliotheken erhältlich)

Eberts, W.: *Bambus in Haus und Garten.* Gräfe und Unzer Verlag, München
Encke, F.: *Kübelpflanzen.* Ulmer Verlag, Stuttgart
Heinke, R.: *Fuchsien.* Gräfe und Unzer Verlag, München
Heitz, H.: *Großer GU Pflanzen-Ratgeber Balkon- und Kübelpflanzen.* Gräfe und Unzer Verlag, München
Henseler, K.: *Was fehlt denn meiner Zimmerpflanze?* BLV Verlagsgesellschaft, München
Köhlein, F.: *Pflanzen vermehren.* Ulmer Verlag, Stuttgart
Recht, Ch.; Wetterwald, H.-F.: *Bambus.* Ulmer Verlag, Stuttgart
Weber, A. und Greiner, K.: *Begrünen mit Kletter- und Hängepflanzen,* Gräfe und Unzer Verlag, München
Worm, G.: *Rosen erfolgreich pflegen.* Gräfe und Unzer Verlag, München

Zeitschriften:

FLORA. Gruner + Jahr AG & Co, 20444 Hamburg
Kraut & Rüben. BLV Verlagsgesellschaft mbH, Lothstraße 29, 80797 München
mein schöner Garten. Verlag Burda GmbH, Hauptstraße 130, 77625 Offenburg

Adressen:

Pflanzenliebhaber-Gesellschaften, an die sich Pflanzenfreunde wenden können, um sich ausführlich über bestimmte Pflanzenarten zu informieren. Die Mitglieder dieser Gesellschaften besuchen gemeinsam Fachtagungen, unternehmen Reisen, tauschen Pflanzen aus und pflegen den Gedankenaustausch mit Gleichgesinnten.

Kontaktadressen sind:

Deutsche Fuchsien-Gesellschaft Pankratiusstraße 10, 31180 Giesen
Deutsche Kakteen-Gesellschaft e. V., Geschäftsstelle: Nordstraße 30, D-26939 Ovelgönne
Europäische Bambusgesellschaft Edeltraud Weber, John-Wesley-Straße 4, 63584 Gründau
Verein Deutscher Rosenfreunde e. V., Waldseestraße 14, 76530 Baden-Baden

Die Fotografen des Buches:

Becker: Seite 11, 15, 29; Burda/mein schöner Garten: U2, Seite 1, 8, 22, 42, 54, 56, 77, 83, 88 l., 90, 91, 95; Eigstler: Seite 2 l., 5, 24, 49, 73, 82 Mitte o., 85 Mitte u., 97, 101 r.; Heitz: Seite 80 r.; Krieger: Seite 35; Pott: U4 u. r.; Reinhard: Seite 93, 102.; Riedmiller: Seite 16, 19, 39, 40, 75, 80 l., 85 u. l., Mitte o., 96 r., 104 l., U4 o. r.; Sammer: Seite 81; Scherz: Seite 51, 83; Seidl: Seite 84 r., Skogstad: U1, Seite 13, 74 l., 76 l., 82 l., 99; Strauß: Seite 2 r., 3 o., r., 7, 26, 28, 37, 38, 47, 76 r., 78 r., 79, 84 l., 85 r., o. l., 86, 88 r., 90 r., 92, 96 l., 98, 101 l., 103 l., 104 r., 105, 112, U3, U4 o. l., u. l.; Wetterwald: Seite 2 Mitte, 3 l., 17, 74 r., 78 l., 82, 87, 89, 94, 95 r., 100, 103 r.

Umschlagvorderseite: Fuchsien
Vorsatz: (von links nach rechts): Orangenbäumchen, Tecomaria, darunter Nachtschatten, Washingtonie, Keulenlilie und Tibouchina, darunter Pentas.
Nachsätz: Engelstrompete (Datura)
Umschlagrückseite: Oleander (l. o.), Hibiscus (r. o.), Clematis (l. u.) Buchsbaum (r. u.)

Redaktionsleitung: Hans Scherz
Stellvertretende Redaktionsleitung: Renate Weinberger
Lektorat: Elisabeth Bley
Herstellung: Johannes Schmidt-Thomé
Produktion: Helmut Giersberg
Umschlaggestaltung: Heinz Kraxenberger
Satz: Gloor Satz Repro GmbH
Reproduktion: Graphische Anstalt E. Wartelsteiner

ISBN 3-7742-4103-1

Auflage	4	3	2	1
Jahr	01	00	99	98